融合型·新形态教材
复旦学前云平台 fudanxueqian.com

U0756064

普通高等学校学前教育专业系列教材

幼儿教师心理健康
教育活动设计

主　编　赵雅卫
副主编　龙凌云　杨　丽
编　者（按姓氏笔画排列）
　　　　龙凌云　杨　丽　张世琴
　　　　赵雅卫　贺永琴　翟理红

复旦大學 出版社

内容提要

本书借助积极心理学的原理，对高职高专学前教育专业学生和在职幼儿教师密切相关的积极心理的七个方面，设计了22个心理健康教育体验活动。全书共分为七个篇章，每篇由理论支持和活动体验两大部分组成，涉及职业规划、自我意识、情绪情感、压力与焦虑、人际沟通与交往、意志品质、环境适应等方面。本书既从理论上帮助活动组织者较为全面地学习和理解相对应的体验活动，也为活动组织者提供了实践性、实用性和操作性很强的心理健康教育活动方案。

复旦学前云平台
数字化教学支持说明

　　为提高教学服务水平，促进课程立体化建设，复旦大学出版社学前教育分社建设了"复旦学前云平台"，以为师生提供丰富的课程配套资源，可通过"电脑端"和"手机端"查看、获取。

【电脑端】

　　电脑端资源包括 PPT 课件、电子教案、习题答案、课程大纲、音频、视频等内容。可登录"复旦学前云平台"www.fudanxueqian.com 浏览、下载。

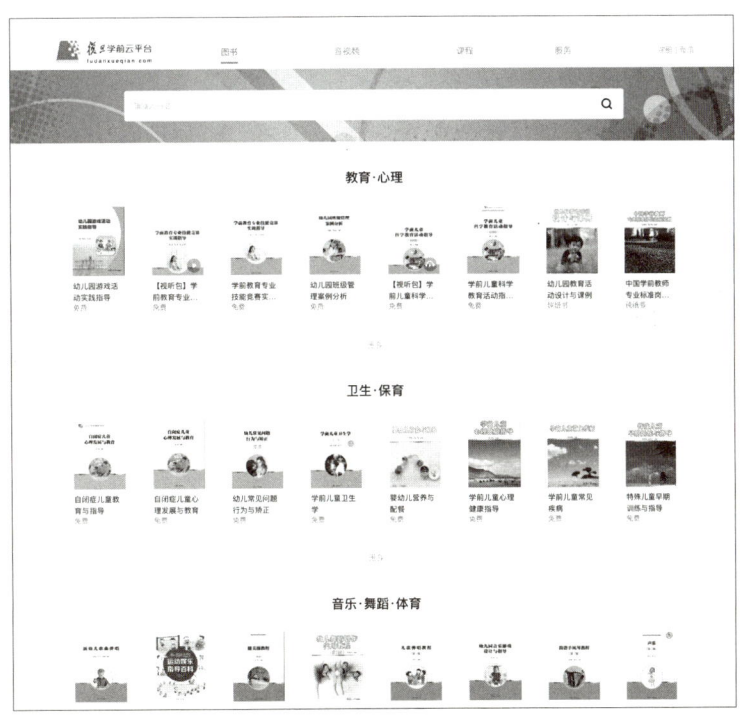

　　Step 1　登录网站"复旦学前云平台"www.fudanxueqian.com，点击右上角"登录／注册"，使用手机号注册。

　　Step 2　在"搜索"栏输入相关书名，找到该书，点击进入。

　　Step 3　点击【配套资源】中的"下载"（首次使用需输入教师信息），即可下载。音频、视频内容可通过搜索该书【视听包】在线浏览。

【手机端】

PPT 课件、音视频、阅读材料：用微信扫描书中二维码即可浏览。

扫码浏览
➡️

【更多相关资源】

更多资源，如专家文章、活动设计案例、绘本阅读、环境创设、图书信息等，可关注"幼师宝"微信公众号，搜索、查阅。

平台技术支持热线：029-68518879。

"幼师宝"微信公众号

学前教育是国民教育体系的重要组成部分,是终身教育的开端,幼儿教师教育担负着学前教师职前培养和职后培训、促进教师专业成长的双重任务,在教育体系中具有职业性和专业性、基础性和全民性的战略地位。

自 1903 年湖北幼稚园附设女子速成保育科诞生始,中国幼儿教师教育走过了百年历程。可以说,20 世纪上半叶中国幼儿教师教育历经从无到有、从抄袭照搬到学习借鉴的萌芽、创建过程;新中国成立以后,幼儿教师教育在规模与规格、质量与数量、课程与教材建设等方面得到较大提升与发展。中国幼儿教师教育历经稳步发展、盲目冒进、干扰瘫痪、恢复提高和由弱到强的发展过程。

1999 年 3 月,教育部印发《关于师范院校布局结构调整的几点意见》,幼儿教师教育的主体由中等教育向高层次、综合性的高等教育转变;由单纯的职前教育向职前职后教育一体化、人才培养多样化转变;由独立、封闭的办学形式向合作、开放的办学形式转变;由单一的教学模式向产学研相结合的、起专业引领和服务支持作用的综合模式转变。形成中专与大专、本科与研究生、统招与成招、职前与职后、师范教育与职业教育共存的,以专科和本科层次为主的,多规格、多形式、多层次幼儿教师教育结构与体系。幼儿教师教育进入由量变到质变的转型提升进程,由此引发了人才培养、课程设置、教学内容等方面的重大变革。课程资源,特别是与之相适应的教材建设成为幼儿教师教育的当务之急。

正是在这一背景下,"全国学前教育专业系列教材"编审委员会在广泛征求意见和调查研究的基础上,开始酝酿研发适应幼儿教师教育转型发展的专业教材,这一动议得到有关学校、专家的认同和教育部师范教育司有关领导的大力支持。2004 年 4 月,复旦大学出版社组织全国 30 余所高校学前教育院系、幼儿师范院校的专家、学者会聚上海,正式启动"全国学前教育专业系列"教材研发项目。2005 年 6 月,第一批教材与广大师生见面。此时,恰逢"全国幼儿教师教育研讨会"召开,研讨会上,教育部师范教育司有关领导对推进幼儿教师教育优质课程资源建设作出指示:"一是直接组织编写教材,二是遴选优秀教材,三是引进国外优质教材;开发建设有较强针对性、实效性、反映学科前沿动态的、幼儿教师培养和继续教育的精品课程与教材。"

结合这一指示精神,编审委员会进一步明确了教材编写指导思想和教材定位。首先,从全国有关院校遴选、组织一批政治思想觉悟高、业务能力强、教育理论和教学实践经验丰富的专家学者,组成教材研发、编撰队伍,探索建立具有中国幼儿教师教育特色、引领学前教育和专业发展的、反映课程改革新成果的教材体系;努力打造教育观念新、示范性强、实践效果好、影响面大和具有推广价值的精品教材。其次,建构以专科、本科层次为主,兼顾中等教育和职业教育,多层次、多形式、多样化的文本与光盘相结合的课程资源库,有效满足幼儿教师教育对课程资源的需求。

经过十年多来的教学实践与检验,教材研发的初衷和目的初步实现。截至 2014 年 4 月,系列教材共出版 160 余种,其中 8 种教材被教育部列选为普通高等教育"十一五""十二五"国家级规划教材,《手工基础教程》被教育部评选为普通高等教育"十一五"国家级精品教材,《幼儿教师舞蹈技能》荣获教育部教师教育国家精品资源共享课,《健美操教程》获得教育部"教育改革创新示范"教材;系列教材使用学校达 600 余所,受益师生数十万人次。

伴随国务院《关于当前发展学前教育的若干意见》和《国家中长期教育改革和发展规划纲要(2010—2020 年)》的贯彻落实,幼儿教师准入制度和标准的建立、健全,幼儿教师教育面临规范化、标准化、专业化和前瞻化发展的机遇与挑战。一方面,优质学前教育资源已成为国民普遍地享受高质量、公平化、多样性学前教育的新诉求。人才培养既要满足当前学前教育快速发展对幼儿师资的需求,还要确保人才培养的高标准、严要求以及幼儿教师职后教育的可持续发展;另一方面,学前教育专业向 0~3 岁早期教育、婴幼儿服务、低幼儿童相关产业等领域拓展与延伸,已然成为专业发展与服务功能发挥的必然趋势。这一发展动向既是社会、国民对专业人才的要求与需求,也是高等教育服务社会、培养高层次专业人才的使命。为应对机遇与挑战,幼儿教师教育将会在三个方面产生新变化:一是专业发展广义化,专业方向多元化,人才培养多样化,教师教育终身化;二是课程设置模块化,课程方案标准化,课程发展专业化和前瞻化;三是人才培养由旧三级师范教育(中专、专科、本科)向新三级师范教育(专科、本科、研究生)稳步跨越。

为及时把握幼儿教师教育发展的新变化,特别是结合 2011 年 10 月教育部颁布的《教师教育课程标准(试行)》及 2012 年 10 月颁布的《3—6 岁儿童学习与发展指南》,编审委员会将与广大高校学前教育院系、幼儿师范院校共同合作,从四个方面入手,着力打造更为完备的幼儿教师教育课程资源与服务平台,并把这套教材归入"全国学前教育专业(新课程标准)'十二五'规划教材"系列。第一,探索研发应用型学前教育专业本、专科层次系列教材,开发与专业方向课程、拓展课程、工具性课程、实践课程和模块化课程相匹配的教材,研发起专业引领作用的幼儿教师继续教育教材;第二,努力将现代科学技术、人文精神、艺术素养与幼儿教师教育有效融合并体现在教材之中,有效提升幼儿教师综合素养;第三,教材编写力图体现幼儿教师教育发展趋势与专业特色,反映优秀中外教育思想、幼儿教师教育成果,全面提高幼儿教师教育质量;第四,建构文本、多媒体和网络技术相互交叉、相互整合、相互支持的立体化、网络化、互动化的幼儿教师教育课程资源体系,为创建具有中国特色的幼儿教师教育高品质专业教材体系贡献我们的力量。

"全国学前教育专业系列教材"编审委员会

2015 年 4 月

随着社会的发展,多元的文化思潮对青少年的影响也日趋严重。经济、社会环境的发展变化,家庭教育、学校教育和社会教育中新理念的不断涌入,传统的教育方式对现今学生来说,其适用性受到考验,原有的说服教育模式极易导致学生产生抵触心理,不利于师生之间情感与心灵的沟通。处于青春期的学生,需要面对身体发育迅速和心理发展相对较缓的不平衡状态,一方面要应对由身高、体重、肌肉力量等的发育成熟,特别是性的发育成熟所引起的各种变化及问题,心理压力相对增大过快;另一方面,随着年龄的增长,他们必须逐步学会成年人的处事模式,在抛弃各种孩子气、幼稚的思想观念和行为模式的同时,逐步建立起较为成熟、更加符合社会规范的思想观念和行为模式,这给处于青春期的青少年带来了很大的压力;此外,异性兴趣、异性交往、繁重的学习任务等也给他们的身心造成了极大负担,如在面临许多心理困惑时得不到有效的关爱和帮助,很可能致使学生出现严重的思想和行为偏差。而面对"难教""难管"的学生,教师的心理也发生了变化,愿意从事班主任和学生管理的教师少了,"烦""累""受不了"成了教师的口头禅,教师职业倦怠出现了。学生教育管理中存在的问题和教师现状使我认识到德育工作面临着新的挑战,但也更激发我和我的德育管理团队去努力寻找解决问题的办法。面对学生出现的问题和教师的困惑,我们抛开思想品德问题,从心理健康的角度探索新问题产生的缘由和解决问题的办法。

恰在此时,2007年我们学校28名德育工作者(学校德育工作管理者、班主任、团委教师等)参加了以国家教育部重点课题"开发心理潜能,提高学习效能"为依托的"幼师生职业生涯规划教育模式的实践与研究"。我们以课题研究为依托,以点带面,点面结合;以理论为指导,以实践为基础,以教师与学生相互促进、共同成长为目标;以全员参与、全程渗透为策略,逐步建立健全了学校心理健康教育预防、预警、危机干预体系,包括:课堂教学主渠道(职业生涯课、心理学理论课);班级心理辅导(班级心理健康教育活动课);团队辅导(选修课、课外活动);学科教学和管理相互渗透;个别辅导(心理咨询);心理健康教育知识宣传教育。课题研究的开展不仅有效地打开了我校德育工作、心理健康教育的新局面,更为可喜的是通过课题研究,帮助教师树立新的现代教育观,并逐渐培养了一支师德高尚、教育能力强、爱学生、热爱班主任工作的队伍,教师从学生成长、自身成长中找到了工作的快乐,幸福指数明显增加。

积极心理学是20世纪末首先在美国兴起的一场心理学运动,以美国当代著名心理学家赛利格曼于2000年在《美国心理学家》杂志上发表"积极心理学导论"为标志。积极的心理学从关注人类的疾病和弱点转向关注人类的优秀品质,一是从主观体验上看,它关心人的积极的主观体验,主要探讨人类的幸福感、满意感、快乐感,强调人要满意地对待过去、幸福地感受现在和乐观地面对将来。二是对个人成长而言,积极的心理学主要提供积极的心理特征,如爱的能力、工作的能力、积极地看待世界的方法、创造的勇气、积极的人际关系、审美体验、宽容和智慧灵性等。三是从人际关系来说,积极的心理品质包括一个人的社会性、作为公民的美德、利他行为、对待别人的宽容和职业道德、社会责任感、成为一个健康的家庭成员。这种积极的、乐观的态度正是这个社会所需要的,在当今的社会背景下学会应用积极心理学的原理调整人们的心态、对生活的态度、调节人与人之间的关系无疑有这积极的作用。

在研究过程中,我们将积极心理学的原理以活动课的方式开展教育活动,重在实践应用,同时从在校毕业生延伸到入学新生,再从在校学生的教育延伸至幼儿园园长培训、幼儿园骨干教师培训和农村幼儿园转岗教师(国培项目)培训,从职前幼儿教师的培养延伸到了职后幼儿教师的培训,活动效果明显,有效地达到了教育的目的。

一、本教材特点:坚持找准学生问题和需求,探索教育活动内容

心理健康教育内容的选择遵循三个原则:一是以学生身心发展规律为原则;二是紧密结合职教学生现状、未来职业发展需要和终身发展需要;三是理论与实践相结合的原则。

心理健康教育活动课的设计以"以人为本,育人为本"的理念为核心,贯穿两个方面:一是以学前教育专业学生职业生涯规划教育作为心理健康教育的主线。职业学校的学生毕业后要直接面向就业,求职、就业、职业发展成为职业学校学生重要的心理需求;而新入职或者转岗的幼儿教师面对新的工作环境,对新岗位的迷茫、未来职业的发展、职业目标的明确等方面也存在心理需求。为了满足职前学生就业和新入职及转岗幼儿教师的心理需求,帮助学生(学员)发展,让育人工作真正体现人文关怀,帮助在职或转岗幼儿教师通过培训明确角色定位需求、心理适应需求和专业知识、专业能力需求,我们把职业生涯规划教育作为幼儿教师职前培养和职后培训心理健康教育的主要研究内容。从激发起学生(学员)的职业规划愿望,通过职业生涯规划课让学生(学员)完成自我认知、了解社会需要、转变角色定位,学会决策和规划的技巧,能为自己制定一份科学的职业生涯规划,明确自己的职业目标和为完成目标制定一份合理可行的实施方案,为自己的人生规划和事业发展打下基础。

在职业生涯教育中我们以体验式学习作为职业规划课重要的课堂模式,通过游戏活动、主题讨论、案例分析、角色扮演、调查分析、心理测试等,让学习者主动参与,同伴互助,在体验、感悟、讨论、交流、分享、反思中获得相关知识和技能,改变观念,形成行为,获得成长。职业生涯课帮助学生(学员)初步明确了学习或职业发展的目标,树立了正确的就业理念,增强了学前教育专业意识和对幼儿教育的热爱,也增强了自信心,提高了就业竞争的实力,增强了职业角色意识。

二是以共性心理问题的研究来提高学生(学员)的全面心理素质。在校学生除了职业困惑外,处于青春期的学生还存在着如自我意识、情绪情感、压力与焦虑、人际沟通与交往、意志品质、

青春期性心理、环境适应等问题。而新入职的幼儿教师或转岗幼儿教师则面临入职和岗位胜任的焦虑，转岗教师面临着小学教育岗位、工作任务与幼儿园工作岗位和任务的巨大落差，一是教学方法和内容的不同，二是工作时间和内容的不同，三是工作对象的不同。为此，我们在活动课的选题内容上充分考虑了学生(学员)不同层面的心理需求，以环境适应、与人交往、情绪管理、压力释放、新目标、职业发展目标等为主题，将职业生涯规划与心理健康教育有机融合，在入校新生中开展心理融通与入校教育；在"幼师国培——农村幼儿园转岗教师"和幼儿园园长培训、幼儿园骨干教师培训等项目中，将职业生涯规划、职业目标的制定等纳入培训内容，深受学员的欢迎。学员们表示，过去从未认真思考过自己的职业生涯规划，更没有制定职业发展目标，今天才重新审视自己的专业发展和职业规划，而新颖的活动方式对学员的教学方法改进也有一定的启发作用。更为重要的是，通过职业理想的自我审视和共性问题的梳理，帮助学生(学员)探索自我、挖掘自身潜质，促进自我内省智能的发展，从而更好地进行自我管理、自我规划，进而促进学生(学员)自身能力的全面成长。

二、本教材的使用方法

本书借助积极心理学的原理，以与学生(学员)密切相关的积极心理的七个方面为基础分为七个篇章，包含积极心态的调整、积极情绪的体验、良好习惯的培养、意志品质的磨练、积极优势的打造、良好关系的建立、构建团队合作。本书所采用的心理健康教育活动课程方案均是课题组教师经过学习——实践——再学习——再实践后，多次历练和精心设计修改而成的，具有较强的实践性、实用性和可操作性。方案设计以活动体验为载体，活动主要有游戏、角色扮演、情景模拟、心理测试等，活动体验能很好地承载教育内容，教师能根据目标恰当设计提问，引导学生(学员)讨论交流、反思分享，互动性强、交流坦诚、体验深入、体会深刻。

每篇章由理论支持和活动体验两大部分组成，理论支持部分由前言、本章理论导读和阅读资料三部分组成，旨在从理论上帮助活动组织者较为全面地学习和理解相对应的体验活动；每篇包括若干个活动体验，每个活动体验部分包含：活动来源、主题、方案设计、积极体验之思、实践与探索、活动卡片、主要参考文献和网络等七部分。为使活动设计在流程上简洁、完整、明了，本书都将如"破冰活动""体验活动""问题设计""故事""画外音资料"等以"活动卡片"的形式出现，这样既便于活动组织者明确活动的流程，又将完整的活动方式和内容呈现出来。"积极体验之思"是活动导引者(活动的组织者)和活动参与者通过活动之后的体会和反思，便于教材使用者参考以鉴定自身活动组织的预期效果。"实践与探索"部分则是该活动可以延伸到其他方面的参考。

本书所采用的心理健康教育活动课程方案虽经过课题组教师反复学习和实践设计而成，但由于我们的水平有限，有些方案可能还不成熟，也不尽完善，还请读者多提宝贵意见和建议。本书的活动设计虽是针对中高职学前教育专业学生所开展的，但也适合幼儿园教师园本培训和幼儿园转岗教师、新入职教师培训所用。由于许多心理健康教育活动课程的设计具有心理共性问题，所以中高职院校在心理健康教育中都可应用本书的设计方案。

当社会思潮、价值取向呈现多元化趋势，青少年学生和青年教师的心理发展和价值取向等也必发生诸多的变化，要提高德育工作的实效性和幼儿教师在职培训的针对性，就需要进行教育方法和教学内容的改革和创新，心理健康教育正是我国社会发展新形势下思想政治教育的有益补充,它在某种程度上解决学生和在职幼儿教师现实中存在的一些更人本的问题。习近平总书记说:"职业教育是国民教育体系和人力资源开发的重要组成部分,是广大青年打开通往成功成才大门的重要途径,肩负着培养多样化人才、传承技术技能、促进就业创业的重要职责,必须高度重视、加快发展。"习总书记的讲话充分阐述了职业教育的重要性。而"立德树人"是职业教育的根本,在构建我国现代职业教育体系过程中,积极探索、创新职业教育德育工作方法,在活动体验中去认识自己,体验生活,感悟人生,拥有健康的心理,乐观向上的人生态度,这是青年学生成长成才、是幼儿教师爱岗敬业的前提和基础,更是我们职业教育德育工作者的任务和责任。

教育研究无终点,实践探究无止境,"立德树人"的理论与实践探究永远在路上。

赵雅卫

2015 年 4 月于筑城

第一篇

积极心态的调整

理论支持

一　前言

　　一个健康的心态,比一百种智慧都有力量。一个人有什么心态,就有什么样的人生。一切的成就,一切的财富,都始于积极的心态。如果拥有一个积极的心态,我们就会在绝望中摆脱烦恼,在压力下改变心态,在痛苦中抓住快乐,在失败中找到希望。一个人的心态是否积极尤为重要,因为生活中的成功机遇不是时时都会出现在你的身边。相反,困难和挫折常伴随着你左右出现。这就是说,在困难和挫折面前,打败你的是心态;战胜困难的也是心态。由此可见,拥有一个阳光积极的心态,多么的重要。

二　本章理论导读

（一）理论研究背景

　　积极心理学是20世纪末首先在美国兴起的一场心理学运动,以美国当代著名心理学家赛利格曼于2000年在《美国心理学家》杂志上发表的"积极心理学导论"为标志,宣告了"积极心理学时代"的来临。积极心理学从关注人类的疾病和弱点转向关注人类的优秀品质,它有三个层面的含义:

　　一是从主观体验上看,它关心人的积极的主观体验,主要探讨人类的幸福感、满意感、快乐感,强调人要满意地对待过去、幸福地感受现在和乐观地面对将来。二是对个人成长而言,积极心理学主要提供积极的心理特征,如爱的能力,工作的能力,积极地看待世界的方法,创造的勇气,积极的人际关系,审美体验,宽容和智慧灵性等。三是从与人关系来说,积极的心理品质包括一个人的社会性,作为公民的美德,利他行为,对待别人的宽容和职业道德,社会责任感,成为一个健康的家庭成员。

高职学生较普通本科院校学生而言,学习成绩、思想意识、行为习惯、自我认知、抗压能力等方面存在一定的困难。他们中有的学习基础差;有的自我约束力差;有的受成长环境的影响,交流和与人相处的能力较弱;还有的目标不明确,随波逐流。总之,他们中的一些人表现出了消极避世,害怕困难,无论是在学习还是生活上都缺乏自信。而幼儿教师新入职时,由于培养方式的问题,年纪都比较小,因此他们和高职学生一样都处在心智逐步发展成熟的时期。盲目、无目标、不敢展望未来也不愿去规划人生,这是他们存在的共性问题。因此,积极心态的培养,在学生教育、管理工作和新入职的幼儿教师培训中至关重要和必要。

(二) 积极心态的具体表现

1. 心情要愉快

早晨起床后,就要决心过愉快的一天。下决心不要为芝麻琐事烦心,提醒自己记住情绪的力量非常大。如果在愉快、积极的气氛中醒来,加上潜意识的作用,一天的心情都会感到舒畅。若因无谓的事而烦恼,不愉快的心情就会扩张,应赶紧注意纠正。

2. 心胸要宽敞

走路时,不要两眼看着地面,应该抬头挺胸,昂首阔步。切不可妄自菲薄,要祛除孤立的心态,毅然钻出象牙塔,和外界打成一片,这样就会看到充满幸福、亲切、情谊、希望的美好事物。你将会发现,在污秽的街上居然长着一棵漂亮的树;街角的修鞋匠雄心勃勃、充满希望;同学、同事的"伶牙俐齿"听起来也那么顺耳;即使老找你麻烦的上司也有他好的一面,万事都显得那么美好。

3. 不说没办法

振作精神,不要做"没办法"的人。无论怎么困难的工作,都应认真思考解决的办法。不可推托敷衍,也不可怕麻烦,不要把时间浪费在无谓的担忧上,不要替自己找借口。

4. 能够接受批评

假如无意中做下傻事,没有必要因此捶胸顿足。失败不要气馁,应该虚心接受别人善意的批评,把它看成一种激励的力量,不应心存芥蒂,产生抵触情绪。

5. 不随便批评别人

不要故意给人难堪,不可对人吹毛求疵,批评别人要有根据,出发点是帮助别人进步,不可中伤他人。

6. 要与思想积极的人交往

人往往在不知不觉中受到别人的影响,择友务必慎重。最好远离个性偏激的人,使自己常处在积极的气氛中,最应该交的朋友是有干劲、态度乐观、爽朗、处事练达、充满正能量的人。

7. 进行积极的自我暗示

也就是用积极的思想、语言不断提示自己,克服悲观、沮丧和恐惧心情,使自己精神振奋。如当你生病时,可对自己暗示"我相信医生,相信我有抵抗力,疾病是暂时的,我会很快好起来。"正确的态度、乐观的情绪、坚强的意志会使药物发挥较好的疗效,也将调动你体内的潜力,很快恢复健康。积极的自我暗示,就是要自我鼓励,自我安慰,使心理状态得到自我调整,自我平衡,从而保持积极的心态。绝不要自暴自弃,给自己施加不良影响。

(三) 如何培养积极的心态

1. 重视培养学生(学员)的积极情绪

积极情绪是人的愿望得到满足时产生的情绪反应,如高兴、快乐、喜悦,它可以促使人们积极向上、乐观开朗;帮助学生(学员)学会悦纳自己,正确地对待自己的过去;培养学生(学员)学会感恩,幸福地感受现在的生活。

2. 重视培养学生(学员)内心的积极对话

一个人对周边事件的解释方法组成了他的内心对话。当一个人从外在环境得到信息后,脑海中立刻会闪过一些文字,然后会通过思想加以处理。正如莎士比亚所说的:"事情是没有好坏之分的,全看你怎么去想它。"一些高职学生由于未考上理想的普通高校,带着沉重的心理压力和自卑进入学校,如果再加上专业不理想、就业压力大等因素,他们就容易陷入习惯性的消极思维。而幼儿园转岗教师则会存在他们是被小学淘汰才转入幼儿园的想法,幼儿园和小学教育内容和方式的不同,使她们既有被遗弃又有极不适应的感觉,因此这两类人都容易先看到事情的负面,再看到正面,或者说他们更习惯看到事情消极的一面。所以应注意培养他们积极的内心自我对话,从而取代消极的内心对话是十分需要的。

3. 帮助学生(学员)把积极的行动目标转化为具体行动

帮助学生(学员)有意识地锻炼自己的意志力,训练坚定的信心,若信心不足,遇到困难、挫折和失败,就很容易退缩;

激发学生(学员)强烈的愿望,愿望是人们行动的出发点,顽强的毅力是与强烈的愿望联系在一起的;

引导学生(学员)树立明确的目标,目标明确才会产生强大而又稳定的吸引力,行动才会有方向;

训练学生(学员)有组织地做出计划,只有制定出明确且具体的计划,计划才能变成行动,而多一步行动,就会多一份信心,多一份毅力。

 三 阅读资料

 资料1

在人生的道路上勇敢地走下去

奥地利人罗伯特•巴雷尼——1914年诺贝尔生理学和医学奖获得者。

巴雷尼小时候因意外生病成了残疾,这对巴雷尼和他母亲打击很大,母亲的心就像刀绞一样,但她还是强忍住自己的悲痛。她想,孩子现在最需要的是鼓励和帮助,而不是妈妈的眼泪。这样想明白了,母亲来到巴雷尼的病床前,拉着他的手说:"孩子,妈妈相信你是个有志气和毅力的人,希望你能用自己的双腿,在人生的道路上勇敢地走下去!好孩子巴雷尼,你能够答应妈妈的话吗?"

母亲的话,像铁锤一样撞击着巴雷尼的心扉,他"哇"的一声,扑到母亲怀里大哭起来。从那以后,妈妈只要一有空,就给巴雷尼练习走路,做体操,常常累得满头大汗。有一次妈妈得了重感冒,她想,做母亲的不仅要言传,还要身教。尽管发着高烧,她还是下床按计划帮助巴雷尼练习走路。黄豆般的汗水从妈妈脸上淌下来,她用干毛巾擦擦,咬紧牙,硬是帮巴雷尼完成了当天的锻炼计划。

体育锻炼弥补了由于残疾给巴雷尼带来的不便。母亲的榜样作用,更是深深教育了巴雷尼,他终于经受住了命运给他的严酷打击。他刻苦学习,学习成绩一直在班上名列前茅。后来,以优异的成绩考进了维也纳大学医学院。大学毕业后,巴雷尼以全部精力,致力于耳科神经学的研究。最后,终于登上了诺贝尔生理学和医学奖的领奖台。(摘自《常青藤家训全书》 金佳韵 编著)

常青藤家训:大自然既然在人间造成不同程度的强弱,也常用破釜沉舟的斗争,使弱者不亚于强者。因此,要学会不因幸运而固步自封,不因厄运而一蹶不振。要牢记,真正的强者,善于从顺境中找到阴影,从逆境中找到光亮,时时校准自己前进的目标。

 资料2

秀才赶考

有位秀才第三次进京赶考,住在一个经常住的店里。考试前两天他做了三个梦,第一个梦是梦到自己在墙上种白菜,第二个梦是下雨天,他戴了斗笠还打伞,第三个梦是跟心爱的表妹脱光了衣服躺在一起,但是背靠着背。

这三个梦似乎有些深意,秀才第二天就赶紧去找算命的解梦。算命的一听,连拍大腿说:"你还是回家吧。你想想,高墙上种白菜不是白费劲吗?戴斗笠打雨伞不是多此一举吗?跟表妹脱光了衣服躺在一起,却背靠着背,不是没戏吗?"

秀才一听,心灰意冷,回店收拾包袱准备回家。店老板非常奇怪,问:"不是明天才考试吗?今天你怎么就回乡了?"秀才如此这般说了一番,店老板乐了:"呦,我也会解梦的。我倒觉得,你这次一定要留下来,你想想,墙上种菜不是高中吗?戴斗笠打伞不是说明你这次有备无患吗?跟你表妹脱光了背靠着背躺在床上,不是说明你翻身的时候就要到了吗?"

秀才一听,更有道理,于是精神振奋地参加考试,居然中了探花。

积极的人,像太阳,照到哪里哪里亮;消极的人,像月亮,初一十五不一样。心态决定我们的生活,有什么样的心态,就有什么样的未来。(摘自 http://www.360doc.com/content/10/1221/11/251638_80013579.shtml)

资料3　　　　　　　　　　**摔碎的牛奶瓶**

十几岁的桑德斯经常为很多事情发愁。他常常为自己犯过的错误自怨自艾,交完考试卷以后,常常会半夜里睡不着,害怕没有考及格。他总是想那些做过的事,希望当初没有这样做;总是回想那些说过的话,后悔当初没有将话说得更好。一天早上,全班到了科学实验室。老师保罗·布兰德威尔博士把一瓶牛奶放在桌子边上。大家都坐了下来,望着那瓶牛奶,不知道它和这堂生理卫生课有什么关系。过了一会,保罗·布兰德威尔博士突然站了起来,一巴掌把那牛奶瓶打碎在水槽里,同时大声叫道:"不要为打翻的牛奶而哭泣。"然后他叫所有的人都到水槽旁边,好好地看看那瓶打翻的牛奶。"好好地看一看,"他对大家说,"我希望大家能一辈子记住这一课,这瓶牛奶已经没有了——你们可以看到它都漏光了,无论你怎么着急,怎么抱怨,都没有办法再救回一滴。只要先用一点思想,先加以预防,那瓶牛奶就可以保住。可是现在已经太迟了,我们现在所能做到的,只是把它忘掉,丢开这件事情,只注意下一件事。"

不要为打翻的牛奶而哭泣,相信船到桥头自然直,积极地去面对下一件事情。(摘自网络《百度故事》)

资料4　　　　**我想问问我自己,积极心态每一天**

如果你想走出常规,放松心情,以积极的心态开始每一天,那就很有必要以自问的方式开始每一天,这些问题会给我们带来力量和好心情。

我想问问我自己,我怎样过好今天?

做些与往常不一样的事情。如果我们走出常规,学会享受生活,那么生活就是丰富多彩的。我们要敢于创造和创新。

我想问问我自己,我今天能解决什么问题?

设法把那些原本想留到明天才解决的问题今天就解决掉,尽量在当天完成手边的工作,要敢于面对那些棘手的问题,并换一种角度看待它们。

我想问问我自己,今天我要拥抱谁?

拥抱是我们的精神食粮。曾经有一位心理学家说过,要想健康,每天要至少拥抱8次。身体接触是人最为基本的需求,它甚至可以帮助我们开发大脑。

我想问问我自己,我现在就开始行动?

不要认为这些都是"听起来不错"的建议,也不要认为生活很难是这样的。其实,每天的生活都不是你想象中的那样。是让生活过得索然无味,还是积极向上,决定权就在自己的手中。努力幸福地生活,你又会失去什么呢?

我想问问我自己,我拥有什么?

通常我们会为自己没有的东西而苦恼,却看不到自己拥有的,如健康、可以听、可以看,可以爱与被爱,每天都有食物供我们享用等。正如那句口口相传的话所说的:"失去了才知道珍贵。"让我们走出哀怨,这样就可以看到什么是我们拥有的。

我想问问我自己,我应该为什么感到自豪?

为你已经取得的成绩而自豪。成绩不分大小,每一次成功都意味着向前迈出了一步。你可以为你刚刚战胜的一个挑战感到骄傲,可以为帮助了一个陌生人而感到幸福,可以为帮助了一个朋友露出微笑,也可以为结识了新朋友或读了一本新书而感到高兴。

我想问问我自己,我应对什么心存感激?

每天都有很多事情让我们为之心存感激,同时也有很多人值得我们感谢,因为他们在无形中教会了我们一些事情。生活的每一天对于我们来说都是一份珍贵的礼物。

我想问问我自己,我怎样才能充满活力?

每天都要计划好做一些积极的事情,让自己充满活力。例如,可以给那些一直以来你都很欣赏,却很久未联系的人打电话,对工作伙伴说一些鼓励的话,保持微笑,或者留出时间和孩子玩耍等。

我想问问我自己,我能抛下过去的包袱吗?

"过去的包袱"就是指那些长年累积起来的伤心的经历和怨气。背着这些沉重的生活包袱有什么用呢?建议你对过去做一个总结,把值得借鉴的经验保存起来,然后永远地卸下重负。

我想问问我自己,我怎么换个角度看待问题?

人往往都是别人的建议者,却不是自己的。很多时候,根本问题就是我们看待事物的方式。很多人都经历过为一件事苦恼不堪,过后又觉得可笑的时候。悲和喜只是我们看问题的角度不同而已。

(摘自《百度故事》)

活动体验

活动体验 1　　找出心灵上的重压

孔　梅

一、活动起源

心理学家认为导致压力的原因主要有两类：一种是生活中的重大变化带来的压力；另一种是隐蔽的压力源，例如生活中的一些"琐碎"小事，由于长期积压又无处宣泄，从而转化为压力的重要来源。后一种隐蔽的压力源更容易受到忽视，但对身心健康的影响却不亚于前者。学生（学员）的压力主要来自于后一种隐蔽的压力源。设计本次活动的目的在于帮助学生（学员）通过形象化的方式体验两种不同类型的压力，找出学习、生活和工作中的压力源，为今后有针对性地进行压力调节做准备。

二、主题

找出心灵上的重压

三、方案设计

（一）活动目标

1. 引导学生（学员）体验压力，尝试找出压力的来源。

2. 帮助学生（学员）理解两种不同的压力来源。

3. 学习、体会、反思、感悟。

（二）活动准备

1. 舞曲音乐《青春圆舞曲》《蜗牛》。

2. 每人一把椅子。

3. 一堆豆子。

（三）活动过程

1. 破冰活动

"大风吹"（见活动卡片 1）。

2. 活动公约

（1）放下所有顾虑全身心投入。

（2）在活动中学会尊重他人，认真倾听。

（3）活动结束后带走自己遗留下的垃圾。

3. 体验活动

活动 1："蜗牛的家"（见活动卡片 2，配音乐《蜗牛》）

讨论与分享：

（1）刚才背上压着东西是什么感觉？

（2）这种感觉在生活中存在吗？

（3）压在蜗牛背上的是它重重的壳，那生活中压在我们背上的是什么？

活动 2："硌脚石"（见活动卡片 3，配音乐《青春圆舞曲》）

讨论与分享：

（1）刚才鞋里有硬东西，你的感觉是什么？

（2）现实生活中是否有类似的情景和情绪反应？是什么事总是让你硌着难受？

活动 3："写下你的压力源"

学生把自己的压力、焦虑写出来，并进行小组交流。（如图 1-1-1）

图 1-1-1　压力书写

4. 总结提升

我们每一个人成长的道路都不是一帆风顺的，当我们逐渐从幼稚走向成熟，随着自我意识的提高，渐渐感受到家庭、学校、社会对我们的期望，感受自身的责任和义务以及由此带来的种种压力，此时，"忧虑烦恼都来了"，这些压力不能很好地解决，就会影响身心健康。在我们的生活中，造成压力的原因主要有两类：一种是生活中的重大变化带来的压力；另一种是隐蔽的压力源，如生活中的一些"琐碎"小事，由于长期积压又无处宣泄，从而转化为压力的重要来源。从刚才的分享中，我发现大家的压力基本上都是来源于隐蔽的压力源。当你们面对这些压力时，逃避和放纵不是办法，只会让情况变得更糟糕，只有积极地、勇敢地、理智地选择适合自己的方法化解压力，问题才能得到真正的解决。希望每一人能放下背上重重的壳，倒出鞋里难受的硌脚石，解除心里的包袱，为心灵减压，轻松快乐地学习、生活和工作。

四、积极体验之思

（一）导引者的话

1. 把握好时间，给予学生（学员）积极分享和反思的时间。

2. 在开展《蜗牛的家》的时候，要注意避免相互间碰撞。

3. 同伴点评：接近生活，既让学生（学员）亲身体验，又能解决学生（学员）的实际问题。参与性高，讨论积极热烈,可以再延伸,帮助学生(学员)找到释放压力的方法。

(二)体验者的话

学生 A:通过活动,我找到了让自己经常烦躁的原因,原来是学习上的压力以及与老师、同伴关系相处不好。

学生 B:考试成绩不好,不敢告诉父母,憋在心里难受,所以导致我经常失眠。

学员 A:与同伴之间的矛盾和误会让我这段时间的情绪很低落。

学员 B:很高兴找到了让自己感觉到有压力的原因,期待通过后面的活动来缓解自己的压力。

学员 C:很高兴找到了自己失眠的原因,原来是担心做不好工作,心理压力大,今天的活动让我的心理压力得到了释放。

五、实践与探索

当我们感觉到有压力时,可以用哪些方法来化解压力呢?

(一)想象放松法

(二)运动放松法

(三)兴趣转移法

(四)合理宣泄情绪法

六、活动卡片

活动卡片 1:

破冰活动"大风吹"

现场所有同学(学员)手牵手围成一个大圈,主持人站在圈内开始喊口令:"大风吹,吹大风,吹……的人",如穿白衣服的、戴眼镜的……。吹到的同学(学员)迅速集中到大圆圈中间抱成一团,没有吹到的继续待在原地,以此类推。

活动卡片 2:

活动"蜗牛的家"

学生(学员)围坐成一圈,然后把身体屈成九十度后,用手从背后托起椅子,背在背上。每个人与前面的人保持距离,防止椅子之间相互磕碰。然后,保持弯腰驼背的姿势,所有学生(学员)转向顺时针的方向,跟着前面的同学(学员)"蹒跚"地向前行走。控制行走的速度,留出足够的时间让学生体验"蜗牛壳"的压力,所有学生(学员)走完一圈后,回到原地,放下椅子,坐好。

活动卡片 3:

活动"硌脚石"

给每个学生(学员)分发一粒豆子(或玉米粒),让他们放进自己的鞋里,然后播放节奏明快的《青春圆舞曲》,学生(学员)跟着音乐跳舞或者做运动,持续五分钟左右,保证学生(学员)体验到"硌脚",产生心烦的感觉。

七、主要参考文献和网络资料

[1]明宏.心理健康辅导团体训练[M].北京:世界图书出版公司北京公司,2007.

[2]吴增强.高中生心理辅导指南[M].上海:上海科技教育出版社,2007.

活动体验 2　　乘着自信的翅膀

孙立枫

一、活动来源

越来越多的本科生和研究生等高学历人才加入幼儿教育的行列中,使幼儿教师职业就业竞争形势日趋激烈,这给仅有中专、大专学历的学前教育专业的学生造成巨大的就业压力。高学历幼儿园教师比例增大也给在职的学历较低的幼儿教师增加了不少压力,他们明显感到专业知识、理论水平和科研能力与高学历幼儿教师的差距。提升自信是学前教育专业学生就业的第一步,也是职后幼儿教师培训的重要内容,为了结合职前职后幼儿教师培养培训、积极增强自信的这一心理需求,设计了本活动。

二、主题

乘着自信的翅膀

三、方案设计

(一) 活动目标

1. 通过活动使学生(学员)在解决困难中体验成功,摆脱自卑的消极束缚。

2. 帮助学生(学员)能够寻求正确的解决问题的办法,建立积极的生活心态,从而全面提升自信。

3. 帮助学生(学员)树立自信、积极进取的心理,形成正确的就业观、职业观和积极的人生观。

(二) 活动准备

破冰音乐(快节奏)、"魅力花"(手剪纸质小红花若干)。

(三) 活动过程

1. 破冰活动

"松鼠和大树"(见活动卡片 1)。

2. 活动公约

(1) 尊重生命感动,全程参与。

(2) 尊重他人,认真倾听他人诉说,活动分享时不要发出声响,关闭手机。

(3) 对他人的体验诉说要保密。尊重自己,全心投入,珍惜自己的生命时间,诉说真实的感受体验。

3. 体验活动

活动 1:"魅力四射"(活动卡片 2)

分享:(如图 1 - 2 - 1)

(1) 听到别人说出自己的优点时,心情怎样?

(2) 拥有 10 朵魅力花时,心里感觉怎样?

(3) 你还能说出别人没有说出的优点吗? 是什么?

一个人的自信心并非与生俱有,而是在不断战胜困难中逐步培养起来的。一定要挑战自我、充满信心,你要是自己躲起来,没人会发现你。在我们求职过程中一定要强化自信心理,抛弃自卑心理,树立自信意识,充满自信地迎接社会的挑战。心理学上讲,人的神经系统不能分辨真的失败还是想象失

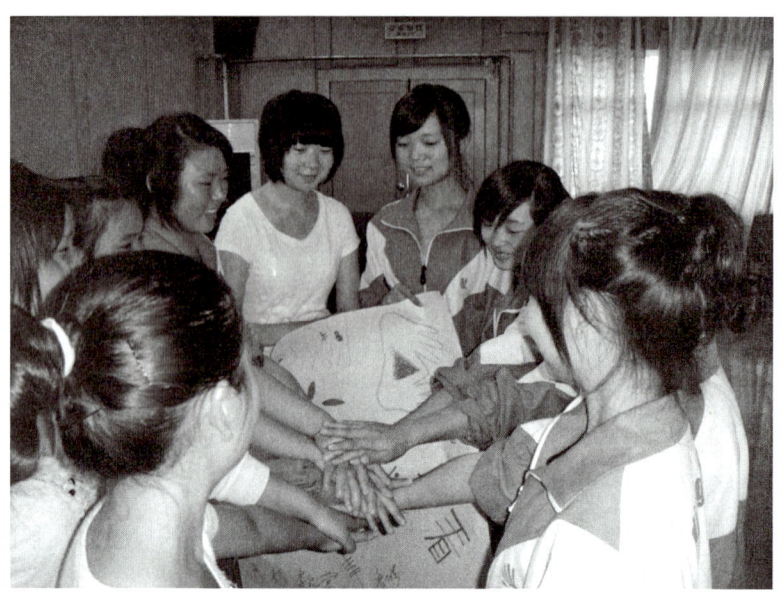

图 1-2-1　互说优点

败,当你充满自信的,你的内部机制已经在成功的方向上定向了。

活动 2:"模拟面试"(见活动卡片 3,本活动适合在校学生)

分享:学生根据情景内容展开讨论,分析成败原因和今后努力的方向,一个人的成功首要因素是什么等。

4. 总结提升

人生总有得失,对待困难,关键是要调整自己,从而保持积极的心态来面对学习、求职遇到的困难。事实证明:当你往好的一面看时,你便有可能获得成功。自信的心态给你实现理想的精神力量、感情和信心;自信心态是当你面对任何挑战时应该具备"我能……而且我会……"的心态;自信的心态是迈向成功不可缺少的要素;自信的心态是成功理论中最重要的一项原则。

全体学生(学员)合唱:《我相信》。

四、积极体验之思

(一)导引者的话

通过"魅力四射"的活动,引导学生(学员)接受别人、肯定自己的优点以获取最多的魅力花。帮助自我认识有偏差的学生(学员)能客观地认识、正确分析、准确评价自己的优点。学生(学员)发现自己和他人身上一些平凡的东西,其实这就是他们的优点。

通过体验情景,让学生(学员)感受面对挫折时,如果具有积极的心态,激发自信,克服抑郁、消除紧张就能凝聚成功的行动力量,从而实现人生的进步及事业的成功。成功 = 知识 + 自信 + 努力 + 梦想。因此,正确评价自己,是建立自信、消除自卑的有效方法;其次,正确对待自己的弱点和缺陷,并采取积极措施进行补救;再次,要克服自卑感还必须学会恰如其分地表现自己的才能,培养乐观自信和积极的生活态度。

(二)体验者的话

学生 A:面对日益激烈的人才竞争,我们平时就应注意培养自己良好的人格品质,改变那些不适应发展的不良的人格品质,树立自信心。

学生 B:在求职遇到挫折困境时,要相信自己的能力,不被暂时困难所吓倒,正视现实,放眼未来,要相信未来是美好的前途是光明的,对自己抱有坚定的信心,定能达到理想的彼岸,找到自己满意的工作。

学员:职业生涯规划过程中,会遇到象征困难的石头,我们是当作绊脚石呢还是当作踏脚石呢?取决于我们脚放的位置,取决于我们的心态和实力,说到底就是我们是否有足够的信心。就业的不理想,很多原因是源于我们的信心不足,一旦获得信心,许多方面的问题都会迎刃而解了,自信能使我们保持最佳状态,自信是开启我们职业生涯的金钥匙。

五、实践与探索

(一)请同学(学员)课后制作"我的职业信心卡":总结对即将要从事的职业自己有哪些优势。

(二)由于就业压力增大,幼儿园教师的学历层次也发生了很大的变化,幼儿教师中本科、研究生学历教师增加,这给中高职学历的新入职幼儿教师或转岗幼儿教师更增强了压力,找到自身优势,增强幼儿教师的自信心,是幼儿教师或转岗幼儿教师培训的一项主要内容。在心理健康教育活动中,可借鉴该活动,贴近幼儿教师的实际,在活动内容中增减。

六、活动卡片

活动卡片 1:

破冰活动"松鼠和大树"(可选择节奏快的活动音乐)

1. 事先分组,三人一组。二人扮大树,面对对方,伸出双手搭成一个圆圈;一人扮松鼠,并站在圆圈中间;老师或其他没成对的学生(学员)担任临时人员。

2. 老师喊"松鼠",大树不动,扮演"松鼠"的人就必须离开原来的大树,重新选择其他的大树;老师或临时人员就临时扮演松鼠并插到大树当中,落单的人应表演节目。

3. 老师喊"大树",松鼠不动,扮演"大树"的人就必须离开原先的同伴重新组合成一对大树,并圈住松鼠,老师或临时人员应临时扮演大树,落单的人应表演节目。

4. 老师喊"地震",扮演大树和松鼠的人全部打散并重新组合,扮演大树的人也可扮演松鼠,松鼠也可扮演大树,老师或其他没成对的人亦插入队伍当中。

活动卡片 2:

活动"魅力四射"

1. 每个学生(学员)轮流说出"我的……是最棒的",依序轮回。看看能说到第几轮。

2. 鼓励学生(学员)大胆自信地说出对方的优点并赠送对方一朵花,看谁能在短时间内赢取数量最多的花。

3. 请每组得到花最多的学生(学员)发言,说出自己优点时的心理感受和别人认可或不认可时的心理感受。再请学生(学员)自由分享自己的心理感受,并请其他同学(学员)相互补充同学(学员)的优点,第二轮赠送花朵,以增加他们的信心。

活动卡片 3:

活动"面试技巧"(10 个经典面试问题回答思路)

由两名同学扮演自信的毕业生参加面试,后成功。但同去的自卑的学生因没有自信展现自己的才能而失去机会。

面试过程中,面试官会向应聘者发问,而应聘者的回答将成为面试官考虑是否接受他的重要依据。对应聘者而言,了解这些问题背后的"猫腻"至关重要。本文对面试中经常出现的一些典型问题进行了整理,并给出相应的回答思路和参考答案。读者无需过分关注分析的细节,关键是要从这些分析中"悟"出面试的规律及回答问题的思维方式,达到"活学活用"。

问题一:"请你自我介绍一下"

思路:

1. 这是面试的必考题目。

2. 介绍内容要与个人简历相一致。

3. 表述方式上尽量口语化。

4. 要切中要害,不谈无关、无用的内容。

5. 条理要清晰,层次要分明。

6. 事先最好以文字的形式写好背熟。

问题二:"谈谈你的家庭情况"

思路:

1. 对于了解应聘者的性格、观念、心态等有一定的作用,这是招聘单位问该问题的主要原因。

2. 简单地罗列家庭人口。

3. 宜强调温馨和睦的家庭氛围。

4. 宜强调父母对自己教育的重视。

5. 宜强调各位家庭成员的良好状况。

6. 宜强调家庭成员对自己工作的支持。

7. 宜强调自己对家庭的责任感。

问题三:"你有什么业余爱好?"

思路:

1. 业余爱好能在一定程度上反映应聘者的性格、观念、心态,这是招聘单位问该问题的主要原因。

2. 最好不要说自己没有业余爱好。

3. 不要说自己有那些庸俗的、令人感觉不好的爱好。

4. 最好不要说自己仅限于读书、听音乐、上网,否则可能令面试官怀疑应聘者性格孤僻。

5. 最好能有一些户外的业余爱好来"点缀"你的形象。

问题四:"你最崇拜谁?"

思路:

1. 最崇拜的人能在一定程度上反映应聘者的性格、观念、心态,这是面试官问该问题的主要原因。

2. 不宜说自己谁都不崇拜。

3. 不宜说崇拜自己。

4. 不宜说崇拜一个虚幻的或是不知名的人。

5. 不宜说崇拜一个明显具有负面形象的人。

6. 所崇拜的人最好与自己所应聘的工作能"搭"上关系。

7. 最好说出自己所崇拜的人的哪些品质、哪些思想感染着自己、鼓舞着自己。

问题五:"你的座右铭是什么?"

思路:

1. 座右铭能在一定程度上反映应聘者的性格、观念、心态,这是面试官问这个问题的主要原因。

2. 不宜说那些易引起不好联想的座右铭。

3. 不宜说那些太抽象的座右铭。

4. 不宜说太长的座右铭。

5. 座右铭最好能反映出自己的某种优秀品质。

6. 参考答案——"只为成功找方法,不为失败找借口"。

问题六:"谈谈你的缺点"

思路:

1. 不宜说自己没缺点。

2. 不宜把那些明显的优点说成缺点。

3. 不宜说出严重影响所应聘工作的缺点。

4. 不宜说出令人不放心、不舒服的缺点。

5. 可以说出一些对于所应聘工作"无关紧要"的缺点,甚至是一些表面上看是缺点,从工作的角度看却是优点的缺点。

问题七:"谈一谈你的一次失败经历"

思路:

1. 不宜说自己没有失败的经历。

2. 不宜把那些明显的成功说成是失败。

3. 不宜说出严重影响所应聘工作的失败经历。

4. 所谈经历的结果应是失败的。

5. 宜说明失败之前自己曾信心百倍、尽心尽力。

6. 失败后自己很快振作起来,以更加饱满的热情面对以后的工作。

问题八:"对这项工作,你有哪些可预见的困难?"

思路:

1. 不宜直接说出具体的困难,否则可能令对方怀疑应聘者不行。

2. 可以尝试迂回战术,说出应聘者对困难所持有的态度——"工作中出现一些困难是正常的,也是难免的,但是只要有坚忍不拔的毅力、良好的合作精神以及事前周密而充分的准备,任何困难都是可以克服的。"

问题九:"如果我录用你,你将怎样开展工作?"

思路:

1. 如果应聘者对于应聘的职位缺乏足够的了解,最好不要直接说出自己开展工作的具体办法。

2. 可以尝试采用迂回战术来回答,如"首先听取领导的指示和要求,然后就有关情况进行了解和熟悉,接下来制定一份近期的工作计划并报领导批准,最后根据计划开展工作。"

问题十:"我们为什么要录用你?"

思路:

1. 应聘者最好站在招聘单位的角度来回答。

2. 招聘单位一般会录用这样的应聘者:基本符合条件、对这份工作感兴趣、有足够的信心。

3. 如"我符合贵公司的招聘条件,凭我目前掌握的技能、高度的责任感和良好的适应能力及学习能力,完全能胜任这份工作。我十分希望能为贵公司服务,如果贵公司给我这个机会,我一定能成为贵公司的栋梁!"

七、主要参考文献和网络资料

[1] 孟万金.积极心理健康教育[M].北京:中国轻工业出版社,2008.

活动体验3　　拥有自信,拥抱成功

张毅刚

一、活动来源

暗示效应是指在无对抗的条件下,用含蓄、抽象、诱导的间接方法对人们的心理和行为产生影响,从而诱导人们按照一定的方式去行动或接受一定的意见,使其思想、行为与暗示者期望的目标相符合。研究表明,如果学生(学员)自认为不能胜任学习(工作),他们就可能失败甚至放弃努力。在活动过程中,组织者可以通过语言暗示、动作暗示、表情暗示、自我暗示等方法提高活动效果。通过体验活动让学生(学员)体会成功,帮助学生(学员)了解自己的长处,尝试建立自信心,让学生(学员)享受到成功的喜悦。

二、主题

拥有自信,拥抱成功

三、方案设计

（一）活动目标

1. 通过活动培养学生(学员)自主发展的能力,从而提高学生(学员)的独立性、积极性、自主性和创造性等主体性品质。

2. 帮助学生(学员)正确认识自己,学会自我评价,培养和提高学生(学员)自我评价的能力。

（二）活动准备

1. 音乐准备(音乐《真心英雄》)。

2. 场地准备(教室桌椅排成"回"字形)。

3. 物品准备(2 个空的矿泉水瓶作为敲击器和花)。

4. 调查问卷准备。

（三）活动过程

1. 破冰活动

音乐欣赏《真心英雄》。

2. 活动公约

积极参与,坦诚、真实。

3. 体验活动

活动 1：对《真心英雄》讨论与分享

人生犹如一叶远航的小舟,自信则是小舟上一张加速的风帆。在你的字典里不应有"我不行",应增加一个反问符号"我不行吗?"露出你自信的微笑,在人生的道路上执著地追求,为青春奏响豪迈的乐章。

活动 2："励志故事集"(见活动卡片 1)

从以上故事我们可以看出,一个人在学习、工作和生活中不可能一帆风顺。有的人一遇到挫折和失败就情绪低落,怨天尤人,灰心丧气,甚至惊慌失措,彻底崩溃;有的人则视胜败为"兵家常事",从中吸取教训,在失败中找到成功的因素,继续努力。

活动 3：《测试题 1》(见活动卡片 2)

（1）将事先准备好的案例两则(详见测试题 1)发给学生(学员),体验角色,写出自己的感受。

（2）请几位同学(学员)讲述自己的感受,并评论。

（3）老师讲述两个案例中同学(学员)的结果

面对挫折和失败,关键在于有无自信心,坚强的自信心会带来顽强的毅力,可以使人最大限度地发挥聪明才智蔑视困难和失败,最终战胜困难取得成功。

活动 4：《测试题 2》(见活动卡片 3)

你了解自己吗? 你对自己有信心吗? 你的自信心是强是弱? 请你检测自己。

每个人都有自己的优点,要相信每个人都会有发光的时候,自信是成功的一半,找回了自信,离成功还会远吗?

活动 5："优点轰炸"(见活动卡片 4)

4. 总结提升

自信催人奋进。它是激励的始点,是产生行为的根源,是培植生命之树常青的沃土,是理想航船乘风破浪的"帆"。人有了自信,在与厄运抗争中最痛楚无助的时候,在涉恶水攀险峰无人分忧的时候,在激烈竞争、拼搏孤立、寡不敌众的时候,在遭阴风冷雨袭击无遮无挡的时候,不为艰难困苦所吓倒,不为世俗目光所左右,不为闲言碎语所困扰,生命的吉他就会奏出跳动的音符,献出欢乐的旋律。自信是金,每个人都应树立自信心,自信不灭,终能成功。凡成功者都有共同的特点:人人都充满自信,有良好的习惯,扎实的知识基础,良好的心理素质和对成功的执著。信心意味着不轻言放弃,成功者永不言弃。

结束活动:"书面问题回答"(见活动卡片5)。

四、积极体验之思

(一) 导引者的话

活动课使学生(学员)对自己真正地去审视和认识自己,并在自我认识中找到自己的优点和与众不同之处,增强了自信心。在教育过程中组织者要善于利用各种活动和时机,为学生(学员)营造培养自信的氛围。时时告诫学生(学员):要高昂起你的头,挺起胸膛说我能行。让他们知道,人只要树立起这样的信念,竭尽全力就一定会成功。

(二) 体验者的话

我的成绩处于班级中游,通过本次活动我制定了今后的学习计划,并积极与班主任沟通,在课堂上积极回答问题,经常得到老师及同学们的表扬,使我能够体会到成功的快乐。很快我的成绩有了明显提高,并在学习中找到了乐趣,现在,我的成绩在班级位居前列,学习的精神非常饱满,拿到教师资格证和毕业证的希望很大,我积极学习的态度得到了老师和同学们的好评!

五、实践与探索

本活动设计不仅对在校学生自信心的提升有很好的效果,对在职幼儿教师自信心培养也有很好的效果,并且对自信心的提升的这种方法和理念,可从对在职幼儿教师延伸到对小朋友自信心的培养中,老师们的一个眼神、一个微笑、一句鼓励的话,都能帮助小朋友树立自信心,享受成功的喜悦。

幼儿教师培训时,可根据需要对活动内容进行增减。

六、活动卡片

活动卡片1:

活动"励志故事集"

自信是指人们相信凭借自己的能力,实现所追求的目标。自信是人进取心理不可缺少的根基。陈景润在谈到如何才能成才时,他说"首先应该有自信心,没有自信心,什么事也干不成"。他为了证明"哥德巴赫猜想",用完了八麻袋草稿纸。爱迪生在实验中失败了两万五千次,但对发明蓄电池的信心始终如一,最后成功了。英国首相丘吉尔,在第二次世界大战中领导英国人民对德作战,立下了不可磨灭的功勋。可是他小的时候先天不足,体质非常弱,头发稀稀疏疏,讲话也结结巴巴,经常受到班里同学的嘲笑。同学们还给他起了个很不好听的绰号,叫做"结巴秃顶小老头"。不过丘吉尔是个自信心很强的人,为了纠正自己讲话结巴的毛病,就下决心朗读文学名著,把一些名人演讲当作课文来读,还常常一个人关起房门对照镜子纠正讲话的口型。有一次,学校举行演讲比赛,丘吉尔勇敢地报了名,同学们暗地里为他的结巴捏了一把汗,可是出乎大家的意料,他在这次演讲比赛中口若悬河,没有半点结巴,而且讲的内容新颖丰富,语气充满感情,结果获得优秀奖,使大家极为惊奇。

活动卡片2:

活动《测试题1》

例子1:婷婷是位"十佳中学生",可是在高二的一次小考中竟有三门功课不及格。如果你是婷婷……

　A. 班里的同学怎么看我呢?

B. 家长会怎么说呢?

例子2:李勇的学习一直都比较差,每当他考试考糟的时候,他父母总是训斥他,结果他的学习成绩越来越差,高一的一次期考,竟落到了全班倒数第一名,假如你是李勇……

A. 此时我该怎么办?

B. 父母怎么训斥我呀?

活动卡片3:

活动《测试题2》

试卷:每一种情况只能选择一个答案

1. 在参加比赛中,如果我或我的一方输掉,我的反应是:

A. 研究输的原因,以便提高自己的技术。(+4)

B. 感到自己不如别人。(-3)

C. 感到对方没啥了不起,自己别的地方比他强。(-3)

D. 输赢并不重要,很快就置之脑后。(+8)

2. 当生活中遇到重大挫折时,我想:

A. 我完了。(-3)

B. 能从别的地方找到安慰。(+10)

C. 不惜任何代价一定要达到自己的愿望。(0)

D. 相信命运的安排,上帝总会救人于难的。(-5)

E. 努力承受住打击,尽量使自己的境遇好一些。(+2)

F. 我没有什么不可放弃的计划和抱负。(+6)

3. 在谈论到自己的挫折经历时大体倾向是:

A. 别人感兴趣,我就告诉他。(-3)

B. 在谈论中随便提到,我就告诉他。(+8)

C. 很少谈及,以免别人怜悯自己。(+2)

D. 从不说,怕别人瞧不起。(-1)

4. 在比赛中我喜欢的对手是:

A. 技术高超的,这样我有更多的机会提高自己的技术。(-2)

B. 比我的技术略高一筹的,这样玩起来更有趣味些。(+6)

C. 比我的技术差劲的。(0)

D. 跟我的技术不相上下。(-5)

5. 我和同学进行争论的倾向是:

A. 我总是喜欢进行有益的激烈争论。(-2)

B. 如果我有兴趣,我通常喜欢争论。(+8)

C. 我很少与人争论,我喜欢自己推敲不同的观点。(0)

D. 不喜欢争论,并尽可能避开。(0)

6. 非家庭成员批评我的反映是:

A. 分析批评者为什么批评我。(+8)

B. 询问批评者,为什么批评我。(+6)

C. 保持沉默,过后置之脑后。(-3)

D. 如果我认为我是对的,就为自己辩护。(+4)

E. 保持沉默,记恨在心。(-4)

7. 当家人批评或责备我时,我的反应是:

A. 讨厌批评和责备,但不吭声。(0)

B. 不吭声,但以后找机会进行反批评。(-3)

C. 不接受批评,进行争论以维护自尊。(+2)

D. 设法了解别人为什么批评我。(+8)

E. 发怒并进行争论。(-2)

8. 当不得不在大庭广众之下讲话时,我感到:

A. 极其困难,我会发窘或说话结结巴巴。(-4)

B. 颇困难,但我还是做出泰然自若的样子。(+6)

C. 我毫不畏惧地发言。(0)

D. 我喜欢在大庭广众中发表演说。(+4)

E. 除非在好友面前,否则我感到困难。(0)

9. 我在小组会议上的活动情况是:

A. 带头参加讨论。(-4)

B. 了解问题我才参加讨论。(+6)

C. 除非我认为自己说的有价值,我才发言。(0)

D. 不喜欢小组讨论。(-4)

E. 我不带头,但总是发言的。(0)

10. 上课或开会时我喜欢的位置是:

A. 教室前排。(+4)

B. 中间。(+2)

C. 后排。(-4)

D. 坐在哪里都无所谓。(0)

问卷的计分方法:将所得的正分总数减去所得的负分总数,正分越高,说明自信心越强。(没有标准答案,自己对照比较)

活动卡片4:

活动"优点轰炸"

以"击鼓传花"的方式进行,当"鼓声"停止的时候,大家就站起来对拿到"花"的同学(学员)列举她的优点,作为感谢,拿到"花"的同学(学员)自己对大家说法进行阐述,说出自己对未来的展望并上台表演一个节目。表演结束后,以表演的同学(学员)为起点继续"击鼓传花"。

活动卡片5:

活动"书面问题回答"

重塑自我:

我的目标:

我想发挥自己怎样的优势:

我决心克服的一个缺点:

我想展现的一个新形象:

七、主要参考文献和网络资料

[1] 李慧敏. 心理活动课——《自信的我》[EB/OL]. http://www.sxdwzx.com/Article/ShowArticle.asp? ArticleID=1578

[2] 宋海燕. 树立自信 感受成功[EB/OL]. http://wenku.baidu.com/view/3e6efc14fc4ffe473368ab15.html

活动体验 4　　我喜欢我自己

赵　俊

一、活动来源

根据美国心理学家 Jone 和 Hary 提出的关于人自我认识的窗口理论,每个人的自我都有四部分:公开的自我,盲目的自我,秘密的自我和未知的自我。通过与他人分享秘密的自我,通过他人的反馈减少盲目的自我,人对自己的了解就会更多更客观。通过心理健康活动帮助学生(学员)自己点亮心灯,知道自己的起跑点和目的地,扮演好自己的角色,珍惜有限的时间,是学生(学员)走向心理健康的第一步。

二、主题

我喜欢我自己

三、方案设计

(一)活动目标

1. 通过活动帮助学生(学员)全面认识自己并在鼓励下做深入的自我探索。

2. 帮助学生(学员)学会发现并欣赏自己的优点,认识并接纳独特的自己。

(二)活动准备

纸、笔。

(三)活动过程

1. 破冰活动

"敲、敲、敲"(见活动卡片 1)。

2. 活动公约

(1)真诚地面对自己,面对别人。

(2)认真思考,积极讨论,不回避问题。

3. 体验活动

活动 1:"我是谁"(见活动卡片 2)

(1)最难填写的是什么? 为什么填不出来?

(2)填的内容多是正面还是负面的?

(3)自己眼中的我和自己理想中的我有什么不一样?

引导学生(学员)做出探索。这个活动可以从多个角度来看自我,有助于学生(学员)全面认识自己。同时,也可以在他人的鼓励下做深入的自我探索。

活动 2:"戴高帽"(见活动卡片 3)

要求:他人必须说出其优点,态度要真诚,努力去发现他人的长处,不能毫无根据地吹捧。

活动 3:"我喜欢我自己"

(1)为自己画一张自画像,写上一句话送给自己。

（2）大声说"我是×××，我喜欢我自己"。

4. 总结提升

只看见自己的长项，看不见自己的弱项，是一种盲目的自大，但只看见自己的劣势而看不见自己的优点和优势，则是自卑的表现。我们每个人都是独特的人，都有自己的优点和优势，要学会正确地认识自己，学会扬长避短，展现一个有个性的、自信的、自我喜欢的自己！

四、积极体验之思

（一）导引者的话

心理健康活动课一定要让学生（学员）有体验，并且通过老师设计的提问，把学生（学员）的体验感受提炼和深化，这样学生（学员）才能把自己的感受与以往的经验相结合，有所感悟，并最终达到触动、印刻和持久的教学目的。这节课的目的是让学生（学员）认识自己，悦纳自己，就要让学生（学员）先自我挖掘，所以设计了"我是谁"，然后再通过深入思考认识客观世界里的自己，最后通过"戴高帽"利用他人的反馈减少盲目的自我，这样学生（学员）就会更多更客观地了解自己。活动课的结尾把课堂气氛推向高潮，学生（学员）基本能对自己有较为客观的认识。

（二）体验者的话

体验者A：我一直没发现原来大家还是喜欢我的，虽然我平时有许多缺点，谢谢大家。

体验者B：我想送一句话给我自己，×××你很棒，加油！你一定会成为一个优秀的幼儿教师的。

五、实践与探索

利用积极心理暗示，每天对自己说一句"我喜欢我自己，因为我能……"，每周进行自我总结，发现自己的不足之处，通过反思进行自我探索。

每天早上离开家门前，对着镜子里的自己说："我最漂亮！我是最棒的！"

六、活动卡片

活动卡片1：

破冰活动"敲、敲、敲"

全体学生（学员）分成两组，两组轮流帮对方敲打背部和肩膀，放松身体。

活动卡片2：

活动"我是谁"

1. 先找出一个同学（学员）示范，连续让他回答"我是谁？"

2. 大家开始边思考边回答"我是谁"这个问题，至少写出10个。既包括我的优点，也能包括我的缺点。

3. 所有同学（学员）写完后，五人一组进行交流。任何人都抱着理解他人的心情，去认识身边的每一位独特的同学（学员）。

4. 请每个小组代表发言，交流活动的感受。

5. 深入的思考：人际关系中的我

填表：请在横线上填上你认为符合你的形容词或名词

老师（领导）眼中的我＿＿＿＿＿＿＿＿＿

朋友眼中的我＿＿＿＿＿＿＿＿＿

自己眼中的我＿＿＿＿＿＿＿＿＿

父母眼中的我＿＿＿＿＿＿＿＿＿

同学（同事）眼中的我＿＿＿＿＿＿＿＿＿

自己理想中的我＿＿＿＿＿＿＿＿＿

思考：你对哪一个人的看法最重视？为什么？

<u>活动卡片 3：</u>

活动"戴高帽"

1. 一位学生（学员）站在中间，其他人轮流说出该同学（学员）的优点或该同学（学员）让你欣赏的地方。

2. 被称赞的人谈谈哪些优点是自己原来知道的，哪些是自己不知道的。

七、主要参考文献和网络资料

[1] 孟万金. 积极心理健康教育[M]. 北京：中国轻工业出版社，2008.

[2] 明宏. 心理健康辅导团体训练[M]. 北京：世界图书出版公司北京公司，2007.

活动体验 5　认识自我，悦纳自我

陈　畅

一、活动来源

悦纳自己是指一个人相信自己存在的价值，认同自己的能力，并在行为上表现出一种与环境和他人积极互动的心理定势。通俗地说，就是能够愉悦地接纳自己，包括自己的某些缺陷，并能不断地进行自我激励，使自己的人生过得充实而有意义。

心理健康的指标之一是个体能正确地认识自我并悦纳自我。我们每个人都会说我了解自己，但是，这种自我的认识是否准确客观，是否符合自己的实际情况，却很少有人去思考和反省。如果一个人对自己的认识有明显的偏差，会使人产生不适当的情绪和行为反应。毫无疑问，这些情绪和行为反应都会影响个体的人际关系和工作、学习效率，继而又影响其情绪和行为，形成恶性循环，导致心理障碍。在正确认识自我的基础上，个体还需要悦纳自己，包括喜欢和欣赏自己的优点与长处，改正和接受自己的缺点与短处。

二、主题

认识自我，悦纳自我

三、方案设计

（一）活动目标

1. 通过活动了解"认识自我"的重要性。

2. 从别人的反馈中，使自知的我和他人所知的我更为一致。

3. 培养学生（学员）学会正确的"认识自我"并"悦纳自我"。

（二）活动准备

每位学生（学员）一张白纸，请同学们在纸上写下 5 句描述自己的句子"我是……的人"，不必具名，统一收齐。

（三）活动过程

1. 破冰活动

"动一动"(见活动卡片 1)。

2. 活动公约

(1) 客观、实事求是地评价自己和他人。

(2) 坦诚相见,不遮不掩。

3. 体验活动

活动 1:故事讲述"斯芬克斯之谜"(见活动卡片 2)

活动 2:"我是谁?"(见活动卡片 3)

活动 3:"别人眼中的我"(见活动卡片 4)

活动 4:"悦纳自我"(见活动卡片 5)

4. 总结提升

发现你自己,你就是你。记住,地球上没有和你一样的人……在这个世界上,你是一个独特的存在。你只能以自己的方式歌唱,你只能以自己的方式绘画。你是你的经验、你的环境、你的遗传造就的你。不论好坏与否,你只能耕耘自己的小园地;不论好坏与否,你都能在生命的乐章中奏出自己的音符。

四、积极体验之思

(一) 引导者的话

悦纳自己是一种心理状态,与客观环境并不完全相关。有些人虽有生理缺陷,但很乐观;有些人五官端正,相貌堂堂,但却不喜欢自己;有些人并不富裕,却知足常乐;有些人有钱有势,却并不深感快意。古代有一位皇帝,问一位哲学家究竟谁是世界上最快乐最幸福的人,哲学家回答说:"他自己认为是最快乐、最幸福的人,就是一个最快乐、最幸福的人。"心理健康教育活动课的重点在于活动中的体验,因此在本次活动课中围绕"认识自我,悦纳自我"设计了三个活动,从"自己眼中的我"到"他人眼中的我"再到"悦纳自我",层层深入地让学生(学员)全方位地认识并悦纳自己。在活动中,学生(学员)的参与性和积极性都较高,有的同学(学员)在活动中发现了自己从未关注到的优点,有的同学(学员)在活动中发现了被自己忽略掉的缺点,更重要的是同学(学员)们学会了悦纳自己,除了悦纳自己的优点,还要悦纳自己那些无法改变的缺陷或不足。通过此次活动,使同学(学员)们进一步准确客观地认识了自己,使自知的我和他人所知的我更为一致,并让同学(学员)们体验到了只有正确地认识自我、悦纳自我,才能快乐生活!

(二) 体验者的话

我们的生活中,也许有很多的不如意、很多的缺憾,但只要我们学会用正确的心态来看待自己、悦纳自己,忽略生活中残酷的一面,放大人生美好的一面,点亮自我的灯塔,我们的人生就一定会绚丽多彩!

五、实践与探索

(一) 在彩纸上画一幅"自画像",并在"自画像"旁写上"自我介绍"。

(二) 用"我_____,但我_____"的句式描述自己,学会接纳自我。

六、活动卡片

活动卡片 1:

破冰活动"动一动"

播放音乐《如果感到幸福你就拍拍手》,学生(学员)跟随教师一起听音乐做相应的动作,放松心情,准备以轻松愉悦的情绪进入今天的活动。

活动卡片 2:

活动"斯芬克斯之谜"

在古希腊的神话中,有这样一个传说,传说中众神居住的地方叫做奥林匹斯山,众神的主神是宙斯,奥林匹斯山上有一块石碑,碑上刻着一句箴言。宙斯想把这句箴言告诉给人类,于是他派了斯芬克斯来到人间,把这句箴言化作了一道谜语让人类猜。这个叫斯芬克斯的狮身人面的女妖坐在忒拜城堡附近的悬崖上,向过路的人提出一个谜语——什么东西早晨用四条腿走路,中午用两条腿走路,傍晚用三条腿走路?过路者都必须猜中,如果猜不中,就要被她吃掉。无数人为此而丧生。你猜到了吗?谜底是人。箴言是:人,认识你自己。它把人的一生浓缩为一天的经历,婴儿呱呱坠地,一开始只能在地上爬,成年后两条腿走路,老年的时候,步履蹒跚,要借助拐杖才能走路。

活动卡片 3:

活动"我是谁?"

"我是谁""我是一个什么样的人",这是人类从古至今都在思考的问题。

1. 教师将课前收齐折叠好的"我是……的人"的纸张,放在团体中央。请一位同学(学员)抽取一张纸,并念出纸中句子,让大家猜这张纸是谁写的。然后,请猜中的同学(学员)说出他猜的理由,并请被猜中的同学(学员)谈谈被猜中时的感受。如此循环 5 次。

2. 共同讨论有关自我了解与他人的了解之间的关系是否一致的问题,以增进自我认识的客观性。鼓励学生在以后的生活学习(工作)中注意正确去了解自己。

3. 如果一个人对自己的认识有明显的偏差,都会使人产生不适当的情绪和行为反应:要么自负、自傲、目中无人,成绩都是自己的功劳、失败都是别人的错误;要么自卑、自责、害怕见人,一切过失都是自己的无能所致。

活动卡片 4:

活动"别人眼中的我"

1. 学生(学员)围成两个圆圈站好,双数站内圈,单数站外圈,内圈与外圈学生面对面站好。

2. 播放音乐(快节奏),音乐响起时,互相交换名片,写出对方的一个优点和缺点。音乐停后,收回自己的名片,然后内圈同学(学员)不动,外圈同学(学员)顺时针方向移动两个位置,音乐响起时,重复游戏。

3. 请学生(学员)分享自己名片中的优点和缺点,并谈谈自己的感受。

4. 通过刚才的活动,同学(学员)们知道了别人眼中的自己是一个什么样的人。大家可以把自己眼中的"我"和别人眼中的"我"进行一下对比,从别人的反馈中,使自知的我和他人所知的我更为一致。

活动卡片 5:

活动"悦纳自我"

1. 视频欣赏《悦纳自我,快乐生活》(网址:http://v. youku. com/v_show/id_XNjA1MzYzNDQ=. html)

2. 学生(学员)分组讨论:看了这部短片,你有什么感受?

3. 在正确认识自我的基础上,我们还需要悦纳自己,包括喜欢和欣赏自己的优点与长处,改正和接受自己的缺点与短处,十全十美的人是不存在的。

七、主要参考文献和网络资料

[1] 郑雪,王玲,宇斌. 中小学心理教育课程设计[M]. 广州:暨南大学出版社,1997.

第二篇

积极情绪的体验

理论支持

 一　前言

　　高职学生和新入职的幼儿教师存在较为普遍的情绪稳定性差的现象,他们容易动感情,也重感情。情绪高亢时,充满热情和激情,活泼愉快,富有朝气;情绪低落时,意志消沉,愁眉不展,消极悲观。因此,积极的情绪状态能对学生(学员)的成长、发展和专业学习或职业幸福感产生巨大的推动作用,而消极的不良情绪则反之。

 二　本章理论导读

（一）理论研究背景

　　根据发展心理学理论,18—22岁的高职生正处于青春发育后期,其身心迅速发展并趋于成熟,但又不稳定。生理、心理都发生急剧变化,渴望独立但仍存在一定的依赖性。高职生相对于本科生来说,经历了更多的挫折和失败,容易形成不良情绪的郁积,产生一种恶性循环:挫折—焦虑—更多的挫折—更大的焦虑,最后导致学生形成厌学、自卑、孤僻、反叛等消极悲观的不良心态。这不仅妨碍其知识技能的学习和学业的顺利完成,而且会阻碍身心的健康发展,甚至影响其一生的发展。因此,有针对性地对他们进行情绪方面的心理辅导是十分必要的,同时也是符合高职学生的心理需要的。

而新入职和转岗的幼儿教师,刚从学生或小学教师走上幼儿教师岗位,角色意识的不到位和教育对象的转变,使新幼儿教师极不适应,加之岗位责任、幼儿园工作要求、环境等诸方面原因,新幼儿教师情绪不稳定,或信心满满,或焦虑失望,工作也因情绪的变化深受影响。因此,对新入职幼儿教师情绪的疏导和提高情绪的自我控制能力,不仅有利于幼儿教师的工作、事业,更有利于幼儿教师心理的健康发展。

（二）情绪的具体内容

1. 焦虑

焦虑是一种以担心、紧张或忧虑为特点的复杂而延续的情绪状态,是与未能满足需要、预料到失败或者意识到某种失败的可能性的心理感受联系在一起的心理紧张状态。

2. 恐惧

恐惧是一种由于感觉面临危险而引起的令人不快的情绪。

3. 抑郁

抑郁是指个体对日常生活和工作的一些不良情绪或事件的消极反应,是一种非特定时期的悲伤、不快乐或苦闷的情绪状态。

（三）如何帮助学生（学员）培养积极的情绪

1. 注重课程教学,加强沟通

课堂是教师与学生(学员)沟通、接触最多、最直接、直观的时段,教师应在课堂教学中善于利用教材文本渗透情商(EQ)教育。帮助学生(学员)学会控制和管理自己的情绪,认识到愤怒情绪和冲动行为对个人成长和社会安定、人际关系的恶劣影响。而教师与家长、幼儿园领导的联系、沟通,则是教师了解学生(学员)成长背景、工作状况,及时发现学生(学员)不良情绪以及产生原因,有针对性地帮助学生(学员)疏导、调整不良情绪的最有效的办法之一。

2. 帮助学生(学员)了解和掌握一些调整不良情绪的有效方法

（1）觉察情绪。要管理情绪,首先要能觉察到情绪。情绪管理第一步,就是要能觉察自己的情绪是什么,是愤怒？是焦虑？是忧伤？是委屈？是失落？等等。

（2）接纳正常的情绪。健康情绪不是指你的情绪时刻处于阳光状态,而是你所表现出的情绪应与你所遇到的事件呈现出一致性。如果与同学闹矛盾了,伤心是正常的;如果遇到抢劫,恐惧是正常的;如果亲人离世了,悲伤是正常的;如果被误会了,愤怒是正常的。所以,当同学(学员)的情绪体验符合客观事件时,第一时间暗示自己:我现在的情绪是正常的,这样一暗示,情绪张力就会下降,内心自然恢复平静。很多时候人的痛苦并不是来源于情绪本身,而是来源于对情绪的抵触。

（3）陶冶情绪。情绪管理能力需要一段时间的培养及锻炼,可以从以下几个方面来培养:

① 尽量保持规律的生活习惯。生活规律了,情绪自然也就会规律,稳定了。

② 培养至少 2 项兴趣爱好。

③ 学会照顾或帮助他人。

④ 时常听轻音乐或者大自然音乐。这些音乐一般在音乐软件里都可以搜索到。

⑤ 多和情绪稳定的人交往。

⑥ 至少有 2 个可以谈隐私的知心朋友,与心理咨询老师谈心也是很有必要的。

三 阅读资料

 资料1 **钉子的故事**

有一个男孩脾气很坏,于是他的父亲就给了他一袋钉子,并且告诉他,每当他发脾气的时候就

钉一根钉子在后院的围篱上。第一天,这个男孩钉下了37根钉子。慢慢地每天钉下的钉子数量减少了。他发现控制自己的脾气要比钉下那些钉子来得容易些。终于有一天这个男孩再也不会因失去耐性乱发脾气,他告诉他的父亲这件事,父亲告诉他,现在开始每当他能控制自己的脾气的时候,就拔出一根钉子。一天天地过去了,最后男孩告诉他的父亲,他终于把所有钉子都拔出来了。父亲握着他的手来到后院说:"你做得很好,我的好孩子。但是看看那些围篱上的洞,这些围篱将永远不能恢复到从前。你生气的时候说的话就像这些钉子一样留下疤痕。如果你拿刀子捅别人一刀,不管你说了多少次对不起,那个伤口将永远存在。话语的伤痛就像真实的伤痛一样令人无法承受。"

人与人之间常常因为一些彼此无法释怀的坚持,而造成永远的伤害。如果我们都能从自己做起,开始宽容地看待他人,相信你一定能收到许多意想不到的结果。帮别人开启一扇窗,也就是让自己看到更完整的天空。(摘自《百度文库》)

 **资料2**　　　　　　　如何有效地管理自己的情绪

诺贝尔文学奖得主赫曼赫塞说:"痛苦让你觉得苦恼,只是因为你惧怕它、责怪它;痛苦会紧追你不舍,是因为你想逃离它。所以,你不可逃避,不可责怪,不可惧怕。你自己知道,在心的深处完全知道——世界上只有一个魔术、一种力量和一个幸福,它就叫爱。因此,去爱痛苦吧。不要违逆痛苦,不要逃避痛苦,去品尝痛苦深处的甜美吧。"要记住,其实情绪本身并无是非、好坏之分,每一种情绪都有它的价值和功能。因此,一个心理健康的人不否定自己情绪的存在,而且会给它一个适当的空间允许自己有负面的情绪。只要我们能成为情绪的主人,不是完全让它左右我们的思想和行为,就可以善用情绪的价值和功能。

在许多情境下,一个人应该泰然接受自己的情绪,把它视为正常的现象。例如,我们不必为了想家而感到羞耻,不必因为害怕某物而感到不安,对触怒你的人生气也没有什么不对。这些感觉与情绪都是自然的,应该允许他们适时适地存在,并缓解出来。这远比压抑、否认有益多了,接纳自己内心感受的存在,才能谈及有效管理情绪。至于管理情绪的方法,就是要能清楚自己当时的感受,认清引发情绪的理由,再找出适当的方法缓解或表达情绪,我们可以归纳为以下三部曲。

1. WHAT——我现在有什么情绪? 由于我们平常比较容易压抑感觉或者常认为有情绪是不好的,所以常常忽略我们真实的感受。因此,情绪管理第一步就是要先能察觉我们的情绪,并且接纳我们的情绪。情绪没有好坏之分,只要是我们真实的感受,我们要学习正视并接受它。只有当我们认清我们的情绪,知道自己现在的感受,才有机会掌握情绪,也才能为自己的情绪负责,而不会被情绪所左右。

2. WHY——我为什么会有这种感觉(情绪)? 我为什么生气? 我为什么难过? 我为什么觉得挫折无助? 我为什么……找出原因我们才知道这样的反应是否正常,找出引发情绪的原因,我们才能对症下药。

3. HOW——如何有效处理情绪? 想想看,可以用什么方法来纾解自己的情绪呢? 平常当你心情不好的时候,你会怎么处理? 什么方法对你是比较有效的呢? 也许可以通过深呼吸、肌肉松弛法、静坐冥想、运动、到郊外走走、听音乐等来让心情平静,也许会大哭一场、找人聊聊、涂鸦、用笔抒情等方式,来宣泄一下或者换个乐观的想法来改变心情。(摘自《百度文库》)

活动体验 1　谁控制我们的情绪

陈　畅

一、活动来源

积极的情绪可以提高人体的机能,能够促进人的健康,能够形成一种动力,激励人去努力。消极情绪会使人感到难受,会抑制人的活动能力,活动起来动作缓慢、反应迟钝、效率低下;消极的情绪会减弱人的体力与精力,活动中易感到劳累、精力不足、没兴趣。研究表明,很多身体的疾病与心理因素密切相关。不良情绪是使人致病的一大"元凶"。美国一生理学家为了研究心理状态对健康的影响,设计了一个很简单的实验,把一支支玻璃试管插在冰水的容器中,然后收集人们在不同情绪状态下的"汽水"。结果发现,当一个人心平气和时,呼出的气溶于水后是澄清透明的;悲伤时水中有白色沉淀;生气时有紫色沉淀。所以,对学生(学员)进行情绪情感的教育是很必要的,通过活动帮助学生(学员)认识到影响我们情绪的不是事情本身,而是我们对事情的看法和心态。

二、主题

谁控制我们的情绪

三、方案设计

(一)活动目标

1. 通过活动了解情绪对人身心健康的影响。

2. 了解情绪 ABC 理论,知道影响我们情绪的不是事情本身,而是我们对事情的看法和心态。

3. 帮助学生(学员)学会用积极的心态看问题。

(二)活动准备

对学生(学员)的情绪状态进行心理测量。

(三)活动过程

1. 破冰活动

《幸福拍手歌》(见活动卡片 1)。

2. 活动公约

成员之间要互相尊重、坦诚相待、保守秘密。

3. 体验活动

活动1：故事讲述——情绪对人的影响

（1）讲述两个情绪对人身心健康产生影响的故事，以引起学生（学员）的兴趣与动机。（见活动卡片2、3）

（2）结合故事引导学生（学员）分析愤怒、悲伤、痛苦等不良情绪对人的身心健康是不利的，而愉快、欢乐、满意、平静等良好的情绪是有利于人的健康的。

活动2："谁控制我们的情绪?"情绪ABC理论（见活动卡片4）

对于同一个事件，积极的想法和心态就能产生积极的情绪，消极的想法和心态就能产生消极的情绪。当事件无法改变时，若想要改变情绪首先要改变想法。而当你不快乐的时候，你真正能做到的事情只是改变你自己的想法。有了快乐的思想和行为你就能感到快乐。

通过"李丽"的事迹，让学生（学员）体验情绪ABC理论中B对C的影响。（见活动卡片5）

活动3："让我们快乐起来！"

以小组为单位说说令自己感到不开心的事情，其余的同学（学员）帮助他运用情绪ABC理论，改变对该事情的看法，从积极的角度来分析，使他能开心些。讨论完后，让小组长进行总结。

4. 总结提升

播下一种心态，收获一种思想；

播下一种思想，收获一种行为；

播下一种行为，收获一种习惯；

播下一种习惯，收获一种性格；

播下一种性格，收获一种命运；

心态改变，命运就能随之改变。

你不能改变环境，但可以改变自己；

你不能改变事实，但可以改变态度；

你不能改变过去，但可以改变现在；

你不能左右天气，但可以改变心情；

你不能选择容貌，但可以展现笑容；

你不能预知明天，但可以把握今日；

你不能事事成功，但可以事事尽力。

四、积极体验之思

（一）导引者的话

学生或新入职和转岗幼儿教师由于其心理发展和学习工作压力，在情绪特征上表现出好冲动、不稳定、极端化等特点，对自己的情绪缺乏深刻的认识，也不善于调节自己的情绪。通过该次心理健康活动课，让学生（学员）了解了情绪ABC理论，知道影响我们情绪的不是事情本身，而是我们对事情的看法和心态，并逐渐学会用积极的心态去看问题。

（二）体验者的话

在活动中我们体验到了：我们不能改变事实，但可以改变态度，只要学会用积极的心态去看问题，我们的生活就会充满了阳光。

五、实践与探索

制作情绪卡片，将生活中觉得不开心的事情记录在卡片上，尝试用积极的心态去分析事情好的一面，并记录下来，学会善于调整自己的情绪。

六、活动卡片

活动卡片1：

破冰活动《幸福拍手歌》

播放《幸福拍手歌》,学生(学员)一起听音乐做动作。让学生(学员)放松身心,感受快乐的情绪,并集中注意力。

活动卡片2：

古代医学家张子和用"笑"治病的故事——有一位官吏的妻子,患了一种"怒病",她每天不吃不喝,只是呼叫怒骂,而且愤怒地想要杀人。许多医生都治不好她的病。后来请张子和诊治。他仔细检查后,便决定用"笑"来治疗。于是,他叫来两位老妇人,在病人面前涂脂抹粉,故意做出演戏的样子,这个病人看了大笑起来。几天以后,病人的怒气平息了,病完全治好了。

活动卡片3：

三国时期吴国的青年军事家周瑜具有大将之才,年仅24岁就率军破曹,取得赤壁之战的胜利。然而他的气量相当狭窄,总想高人一筹,对才能过奇的诸葛亮始终耿耿于怀,屡次设计暗害,但偏偏事与愿违,害人不成反害己,赔了夫人又折兵。在诸葛亮的三气之下三次金疮破裂,终于含恨而死。

活动卡片4：

活动"什么控制着我们的情绪呢?"

1. 例如:对于"突然下雨了"大家会产生什么样的想法呢?

(太糟了,我没带伞,又要淋雨了;太糟了,我最喜欢上的体育课又上不成了;太糟了,今天穿的衣服又要弄脏了……)

(太好了,这场雨可以冲洗一下城市的灰尘,给我们带来清新的空气了;太好了,雨中的景色特别美;太好了,农作物可以饱餐一顿了……)

这两种想法会让我们产生消极和积极的情绪。

2. 从以上例子我们可以得出结论:影响我们情绪的,不是事情本身,而是我们对事情的看法。同一件事情,会有许多不同的想法,而不同的想法会引起不同的情绪反应。这就正如情绪ABC理论:

事件 ————————→ 评价系统 ————————→ 情绪结果

(Activating event；A)　　　(Belief system；B)　　　(emotional Consequence；C)

活动卡片5：

李丽1岁患小儿麻痹症,童年从未站起来过,40岁时再遭厄运,车祸让她下半身完全瘫痪,从此与轮椅相依为伴。但她并没有放弃,她心中充满希望,通过自己的努力,她创办了"李丽家庭教育工作室"和"公益网站·李丽天空"。残疾打不垮,灾难撞不倒,坚强和她的生命一起成长。身体被命运抛弃,心灵却唱出强者之歌。

七、主要参考文献和网络资料

[1] 郑雪,王玲,宇斌. 中小学心理教育课程设计[M]. 广州:暨南大学出版社,1997.

活动体验2　我的情绪我做主

杨　丽

一、活动来源

情绪作为自我认知的内容之一是个人学习和将来事业成功的重要心理因素。许多学生(学员)情绪不稳定,表现为爱发火、生闷气、情绪莫名低落。因此,设计本次心理健康教育活动,旨在通过本次活动能帮助学生(学员)了解自己的情绪状态,学会识别自己的情绪并继而学会初步控制自己的情绪,做自己情绪的主人。

二、主题

我的情绪我做主

三、方案设计

(一) 活动目标

1. 通过活动使学生(学员)了解自己当前的情绪状态。

2. 引导学生(学员)学会分析引起自己情绪状态的原因。

3. 帮助学生(学员)在活动中体验情绪的重要性,并学会初步控制自己的情绪。

(二) 活动准备

1.《情绪稳定性测验量表》。

2. 音乐《March Past of the Kitchen Utensils》、海洋音乐。

(三) 活动过程

1. 破冰活动

《雨点变奏曲》(见活动卡片1)。

2. 活动公约

尊重他人,认真倾听。

3. 体验活动

活动1:"心随'你'动"(见活动卡片2和5)

活动2:案例分析——"爱变脸的我"(见活动卡片3)

4. 总结提升

刚刚同学(学员)们体验了情绪稳定的重要性,也找到了控制自己情绪的一些方法。希望我们的同学(学员)在生活、学习、工作中多多充满积极、健康的情绪,让我们真正成为情绪的主人。祝同学们更加快乐,更加健康!

四、积极体验之思

(一) 导引者的话

作为影响人成长的非智力因素之一,情绪在我们的成长中占据着非常重要的地位。心理学告诉我们,情绪是客观事物是否满足自身需要时而产生的体验。满足需要时产生肯定的、积极的情绪,不满足需要时产生否定的、消极的情绪。学会控制自己的情绪,可以帮助我们更好地应对生活、学习、工作中所发生的事件,使得我们更加健康。

（二）体验者的话

情绪对自己的身心居然会造成那么大的影响,今天我在活动体验中感受到了脸红、心跳加速、手抖……在以后的生活中,我一定要先学会善于控制情绪,做好自己情绪的主人。

五、实践与探索

设计制作情绪晴雨表,观察、掌控、调整自己的情绪。（如表 2 - 2 - 1）

表 2 - 2 - 1　情绪晴雨表

日期	晴		阴			
	事情	心情	事情	心情	反过来想	心情
＊月＊日	我买到了自己喜欢的漫画书（买到自己喜欢的首饰或衣服）	开心	早锻炼迟到被班主任批评（上班迟到被园长批评）	郁闷、难过	可以纠正自己拖沓、懒惰的不良习惯	庆幸
＊月＊日	做的手工作品受到老师表扬（公开课上得很成功）	高兴	天气越来越热	灰心、难受	快放暑假了	放松、开心

六、活动卡片

活动卡片 1：

破冰活动《雨点变奏曲》

1. 让学生(学员)利用身体的任何部分碰撞形成四种声音;

2. 每种动作都根据教师的指示语做出相应的声音。

A. 手指操(小雨)　B. 巴掌轮拍大腿(中雨)　C. 大力鼓掌(大雨)　D. 踩脚(打雷)　E. 大力鼓掌加踩脚(暴风雨)

活动卡片 2：

活动"心随'你'动"《海洋音乐》

音乐开始后,按节奏左右右将球传给右边同学(学员);强音出现时,按节奏右左左将球传给左边同学(学员);节奏变换时,将球在本小组内交互滚动。

案例中的情况我们并不陌生,生活中,你有没有因为情绪失控导致以下鲁莽行为:与亲友发生不必要的争执;寻衅滋事、打架;自我伤害等等。课前我们全班同学(学员)做了情绪稳定测验,现在我公布同学(学员)们的情绪稳定量表得分。本班同学(学员)情绪稳定占 0％,情绪基本稳定占 26％,情绪不稳定占 74％。由此可见,我们都需要稳定情绪,做自己情绪的主人。既然情绪在大家生活、学习中发挥如此重要的作用,稳定自己的情绪,你有什么诀窍呢?（分组讨论、交流,请小组派代表作最后小结发言。）

学生 A：听听音乐、跑步。

学生 B：洗澡、找好朋友倾诉。

学生 C：写下来

想象放松训练：张大嘴巴——放松;卷起舌头——放松。握紧右手拳头——放松;握紧左手拳头——放松;放松,全身放松。

活动卡片 3：

案例分析——"爱变脸的我"

生活中很多事情都会让我感到苦恼,情绪总是不稳定。平时,和同学(同事)一起聊天的时候,情绪可高兴了,兴高采烈的。可是如果谁说了一句不中听的话,虽然人家说的没有什么得罪人的地方,但情绪马上就低沉下去,心里很不痛快。和同学讨论问题的时候,往往因为激动而吵起嘴来,可是很快又和同学(同事)好得不得了。也许因为这个原因,我的人际关系不是很好,真苦闷啊……

活动卡片 4：

《情绪稳定性测验量表》

　　1. 看到自己最近一次拍摄的照片,觉得不称心。

　　2. 你常常被同学(同事)起绰号挖苦。

　　3. 你上床睡觉后常又起来查看门窗是否关好。

　　4. 你对与你关系最密切的人不满意。

　　5. 半夜醒来,你觉得有值得害怕的事情。

　　6. 你搞不清家长到底对你好不好。

　　7. 你早晨起来常感到忧郁。

　　8. 到了秋天,你常有的感觉是枯叶遍地。

　　9. 你在高处时会觉得站不稳。

　10. 当一件事需要你决定时,你觉得比较困难。

　11. 你常用抛硬币、翻纸牌来测凶吉。

　12. 你需要躺一个小时才睡着。

　13. 你曾看到、听到别人察觉不到的东西。

　14. 你觉得自己有超乎常人的能力。

　15. 你一个人走夜路总觉得前面暗藏着危险。

评分标准:以上各题,答"是"记 2 分,答"不确定"记 1 分,答"否"记 0 分。将各题得分相加,算出总分。

0—10 分:表明你情绪稳定;11—20 分:办事热情有时忽高忽低,容易瞻前顾后;21—25 分:情绪不稳定,经常处于紧张和矛盾之中;26 分以上:这是一种危险的信号,请注意调整情绪。

七、主要参考文献和网络资料

　　[1] 孟万金.积极心理健康教育[M].北京:中国轻工业出版社,2008.

　　[2] 百度网络

第三篇

良好习惯的培养

理论支持

一　前言

　　古罗马著名政治家西塞罗曾说:"习惯能造就第二天性。"习惯对我们的生活、学习、工作具有重大的影响,我们每天高达90%的行为出自习惯的支配。可以说,几乎在每一天,所做的每一件事,都是习惯使然。在我们身上,好习惯与坏习惯并存,而唯一能够有效改变我们生活的手段就是有效地改变我们的习惯。幸运的是,我们每一个人都有这个能力。

二　本章理论导读

（一）理论研究背景

　　行为水平大致可以分为四个层次。最低层次是本能行为,它不需要任何强制力量,仅仅依靠某种生物性刺激就可以实现;第二个层次是被动行为,需要依靠外部强制力量的驱动的督促;第三个层次是主动行为,不依靠外部力量,但需要意志力;第四个层次是自动行为,不需要依靠外部力量,也不需要自身意志力,是一种定型行为,也就是我们所说的习惯。人类除本能以外的行为,都存在行为动机,都是基于某种需要而产生的。习惯,是在某种需要的强化下形成的定型化的心理和行为倾向。行为主义代表人物华生、桑代克主张把"S—R"(刺激—反应)作为解释人的一切行为的公式,学习的实际就是在刺激和反应之间建立问题情境联结。学习者在面对这种刺激情境时就会做出相应的反应,而这种反应如果持续地稳定地表现出来就是习惯。行为主义理论认为,心理学的任务就在于发现刺激与反应之间的规律性联系,这样就能根据刺激而推知反应,反过来又可通过反应推知刺激,从而达到预测和控制行为的目的。

高职学生由于成长经历、学习成绩和家庭环境的影响,一般来说他们的行为自我约束力较差,独立自主的能力较弱,又缺乏对自我行为的责任感。新入职的幼儿教师由于职业对良好习惯的要求高,而不良习惯转变和形成与角色意识和幼儿园要求形成较大的反差,所以培养良好的习惯对高职生和幼儿教师来说变得都尤为重要,不仅对现今的学习、生活、工作有很大的帮助,而且对今后的人生、事业发展都有着巨大的影响。

(二)习惯的具体内容

1. 后天性和习得性

习惯不是先天的、遗传的,而是人在后天的环境中习得的,是一种条件反射。先天遗传只是给人的发展提供物质基础和生理条件,正是由于人所处的环境不同,接受的教育不同,才导致了人与人之间习惯上的差异。人们可以通过有意识、有目的地训练来培养良好习惯,克服不良习惯,发挥人的主观能动性。

2. 稳固性和可变性

习惯是一种定型性行为,一般而言,一旦形成就较难改变。但这种稳固性也不是绝对的,只要经过较长时间的强化训练和影响,即使是已经形成的较为牢固的不良习惯,也是可以改变的。习惯的稳固性具有积极和消极两种作用,积极作用可以为我们提供了一个可预测的生活环境,简化了生活中一些复杂的程序。消极作用在解决问题的研究中通常被称为"习惯定向",即屡次以同样的方式解决某类问题起作用时,容易在以后解决此类问题中产生固化思维,不利于创新思维的发展。

3. 自动性和下意识性

习惯是一个行为自动化的方式。所谓自动化,就是稳定的条件反射活动,甚至是下意识的动作。行为习惯形成以后,就不需要专门的思考和意志的努力。习惯是后天训练、反复强化的结果,最初有理性思维机制的参与,但是一旦形成之后,就缺乏理性因子,非理性因子或感性因素参与进来,使之形成"理性缺省"状态下的下意识性驱动行为。正是因为习惯的下意识性,人们很少关注它,除非遇到习惯性方面的问题和障碍。

4. 情境性和长期性

习惯是在相同情境下出现的相同反应,因而有情境性。养成了某种习惯的人,一旦到了特定的场合,习惯就会表现出来。习惯在小时候培养不到 10 次就可能形成,长大后,一般需要连续进行 21 天才行,但是要固定下来就需要连续坚持 90 天左右。没有较长时间对一种思想认识或行为动作进行反复实践很难形成稳定的习惯性想法和行为。

(三)如何培养良好的习惯

1. 从小处着手,循序渐进,逐步发展

良好的学习习惯不是一朝一夕养成的,它是一个由简单到复杂地逐渐形成的过程。需要根据实际情况,从小处着手,循序渐进,逐步提出具体的切实可行的要求,逐渐形成良好的习惯,持续稳定地得到发展。幻想一蹴而就地养成某种习惯的想法是不切实际的,也是极其有害的。

2. 反复实践,持之以恒

良好习惯的养成是一个长期、渐进的过程。正如著名教育家叶圣陶指出的那样:"心知道该怎样,未必就能养成好习惯;必须要认真去做,才可以养成好习惯。"不能制定了计划而不实施,习惯的形成并不是短时间内就可以形成的,甚至可能会出现反复,需要我们有勇气和信心克服在形成习惯时遇到

的挫折，按照既定的计划实施。

3. 建立评价机制，养成习惯

评价是促使良好习惯养成的重要手段。不仅要对习惯形成进行评价，而且要对自己进行评价。对习惯形成进行的可行性进行评价，明确习惯所需要的最基本的外部条件和内部条件，根据实际情况制定计划；不断对自己进行评价，可以促使自我控制能力的增强，提高自觉性和自我教育意识，降低"习惯定向"所带来的危害，以便促使自身的可持续发展，形成鲜明的品质，提高生活效率，控制和约束不良的行为。

 阅读资料

 《富兰克林的习惯养成》

本杰明·富兰克林年轻时非常渴望成功。他通过研究发现，成功的关键在于获取完善的人格。经过精心总结，他认为完善的人格应包括以下 13 个原则：节制、寡言、秩序、果断、节俭、勤奋、诚恳、公正、适度、清洁、镇静、贞洁、谦虚。他又发现，只有经过刻苦的锻炼，把这 13 项原则变成自己的 13 种习惯，才能获得成功。

他认真为自己准备了一个本子，每一页都打上了许多格子。他当时非常清楚，一段时间只专注于一项锻炼，才是最有效的，否则会适得其反。于是，他头一个星期只专注于"节制"，每天检查自己为人处世是否"节制"，并在小本子上做上记号。一个星期后，由于天天盯着自己是否"节制"，并坚持每天监督，他惊喜地发现，"节制"慢慢地在他身上生根了。

尝到了甜头的富兰克林第 2 个星期每天盯着第 2 项"寡言"，并对第一项"节制"复习巩固；第 3 个星期盯着第 3 项"秩序"，再对第 1 项、第 2 项复习巩固。没想到 13 个星期后，他发现自己的举手投足、为人处世、待人接物发生了根本性的变化。

富兰克林生怕这 13 个星期不足以使那 13 个原则完全变成自己的原则，在一年内他又进行了 3 次 13 个星期的轮回锻炼。一年以后，富兰克林完全变了，这种变化已融入了他的血液，渗入了他的灵魂，渗透到他的每一个细胞。

（摘自《生态体验式职业生涯规划》刘惊铎、姚亚萍主编）

资料2　《齐白石的习惯养成》

齐白石是我国著名的书画家。他非常珍惜时间，从不浪费时间，他一直用一句警句来勉励自己，这句警句就是："不教一日闲过"。怎样才算是在一天中没有闲过呢？他对自己提出了一个标准，就是每天要挥笔作画，一天至少要画 5 幅。虽然他已经 90 多岁了，但他还一直坚持这么做。

有一次，齐白石的家人和朋友、学生来给他过 90 岁生日，在喜庆的气氛中，他一直忙到很晚才把最后一批客人送走。这时他想，今天 5 幅画还没有完成呢，应该作完画再睡觉，于是他拿起笔作画，由于过度疲劳，难以集中精力，在家人的一再劝阻下，他才去休息。第 2 天，齐白石早早地起床了，家人怕他累坏身体，都劝他再多休息会儿，可齐白石却十分认真地说："昨天客人多，我没有作画，今天可要补上昨天的'闲过'呀！"说完他又认真地作画了。

（摘自 http://zhidao. baidu. com/link? url ＝ Ewf8LIPCUzZ9nCn5dvaIfycQFma8aYSvc4Xfio4 ldm1Yb5i8pRzlmgWlc6pdfB7hrAGXX0ZTpXv_PI3nUfvUyq)

活动体验

活动体验 1　　让责任之花开在心间

张　雯

一、活动来源

负责任是积极人格的品质之一。责任心是做好一件事的前提条件,同样的能力水平,责任心强的人可以保质保量甚至于可以创造性地完成任务。责任心差的人就会注意力不集中,不图进取,应付差事,责任意识的形成是一个长期的过程,更要注重培养。

因主客观原因,职业院校学生和新入职幼儿教师存在自我约束力差,责任感缺乏的现象,强化责任意识的培养,提升责任感,以期达到增强自我约束力的作用。

二、主题

让责任之花开在心间

三、方案设计

（一）活动目标

1. 通过活动激发学生(学员)作为子女应该承担的家庭责任。

2. 明确作为家庭成员一分子,应承担哪些责任和义务。

（二）活动准备

1. 一棵责任树。

2. 责任花(纸质的花型卡片)。

3. 监督员指令牌。

（三）活动过程

1. 活动破冰

"大家一起来报数"(见活动卡片1)。

2. 活动公约

（1）遵守活动规则,用心参与活动,尊重他人。

（2）队长、监督员和小组成员须履行各自的职责,为自己、为他人负责。

3. 体验活动

活动1:"让责任之花开在心间"

讨论与分享:

在家里,我们可以做哪些事情来帮爸爸妈妈分担家庭的责任呢? 怎样做一个有责任心的人?

<u>活动2</u>：我们的"责任树"

制作"责任树"——请每个同学（学员）在自己的责任叶上写上自己的责任，并且签名。然后把叶子贴到责任树上。

4. 总结提升

我们在长大的过程中，学会管理自己的学习和生活、学会对自己的错误保持负责任的态度、学会替爸爸妈妈着想，分忧解难，这是我们的责任。责任心是一个人日后能够立足社会获得事业成功与家庭幸福至关重要的人格品质，希望通过这节活动课的开展，能让责任之花开在我们大家的心间。从点点滴滴做起，做一个有责任心的人。

四、积极体验之思

（一）导引者的话

每个人都应该具有对自己、对家庭的责任感。做好自己的事，主动为父母分忧解难，体谅父母的疾苦，这对全面形成负责任的心理有着重要的意义。本节心理体验式活动课，用活动体验的方式引发学生（学员）的责任意识，通过同学（学员）间的交流，发现自己在生活学习习惯、自我管理、与父母相处中的不足，并逐渐弥补和完善，从而使他们的责任心理更趋健全和完善，也更有利于他们健康的成长。

（二）体验者的话

一直以来，总觉得自己是孩子，享受爸爸妈妈的照顾是理所当然的事情。从来没有想过爸爸妈妈的辛苦和难处。爸爸妈妈对我十几年如一日的付出，这是一种爱的责任。今天我在责任叶上写到，我要主动承担力所能及的家务；不向父母提过分的要求；管理好自己的学习和生活。这是我的责任，我一定能做到！

五、实践与探索

每一名同学（学员）作为家庭、集体和社会的一员，应该承担怎样的责任？请每一名同学制作一朵精美的责任之花送给自己。

幼儿教师可借鉴教育活动方法将责任教育渗透到幼儿教育中去。

六、活动卡片

破冰活动"大家一起来报数"

同学（学员）们按序"1、2、1、2……"报数。报数为"1"的同学（学员）分为一个活动小组，报数为"2"的同学（学员）分为一个活动小组。

导引者：控制活动流程，引导体验过程。

队长：组织团队进行比赛，不参加比赛。如果本队输了，接受惩罚。

监督员：不参加比赛。公平公正地监督对手的比赛过程，对方出现错误，从头开始；记录比赛时间。

队员：参加比赛，听从引导员、队长、监督员的安排。

1. 活动：

队长宣誓

（1）有没有信心战胜对手？

（2）如果失败，敢不敢于面对队员的指责？

（3）如果失败，愿不愿意承担由此所带来的一切责任？

2. 规则：

（1）全队队员进行报数，速度越快越好；用时最短的队获胜。

（2）在比赛过程中，本队的队员犯错（不报、错报、漏报）要从头开始。

（3）比赛输的队，由队长接受惩罚（做俯卧撑10次，如果以后再输，俯卧撑的次数将会乘倍递增）。

（导引者要注意观察接受惩罚的队长身体状况,避免引起运动过量对身体造成伤害）

3. 感悟：

活动结束后在最后一轮失败的队长在做俯卧撑的时候,引导员播放抒情音乐(熄灯),诵读"父母的责任"。

"父母的责任"

看着队长吃力的背影,你是否会想起你的爸爸妈妈？十多年前的某一天,我们的爸爸妈妈用泪水和幸福的笑容迎接着我们的到来,从那一刻起,爸爸妈妈便多了一项繁重的工作——照顾我们。为了给我们创造一个舒适的生活环境,他们总是那么辛苦,那么努力。当我们 1 岁的时候,妈妈喂你吃奶并给你洗澡；而作为报答,你整晚哭着、闹着。当我们 3 岁的时候,爸爸怜爱地为你做菜；而作为报答,你把一盘他做的菜扔在了地上。当我们 5 岁的时候,妈妈给你买了漂亮的衣服；而作为报答,你穿着它到泥坑里玩耍。当我们 9 岁的时候,妈妈付了很多钱给你辅导钢琴；而作为报答,你常常旷课并不去练习。当我们 13 岁的时候,妈妈建议我们去剪头发,而你说她不懂什么是现在的时髦发型……。当爸爸妈妈为我们的每一次成功感动地流下眼泪的时候,而我们却跟朋友聚会到天明。当他们付了我们的学费又送你到学校的第一天,你要求她在离校门口较远的地方下车,怕被朋友看见会丢脸。我们每天都和同学们谈天说地却忘了给我们的爸爸妈妈打一个电话。而每次打过去的时候听得最多的就是我没钱,再给我寄些来。而你不知道其实家的大部分的收入都用在我们的身上。

总以为自己已经长大,对父母的唠叨置之不理,甚至有时顶撞他们说："我已经长大了,我的事我自己来决定,不用你们管。"他们往往为我们倾注了心血、精力,而我们又何曾记得他们的生日,体会他们的劳累。随着我们一天天长大,你是否察觉到父亲那微微驼了的背,母亲那满脸的皱纹,缕缕的银发？他们的动作从迅捷变得缓慢,所有的这一切,爸爸妈妈总是默默地承受,因为他们知道把我们培养成人是父母的责任。

七、主要参考文献和网络资料

[1] 孟万金.积极心理健康教育[M].北京：中国轻工业出版社,2008.

[2] 明宏.心理健康辅导团体训练[M].北京：世界图书出版公司北京公司,2007.

活动体验 2　　我能找到自我吗

张毅刚

一、活动来源

自我评估包括自己的兴趣、特长、性格、学识、技能、智商、情商、思维方式、思维方法、道德水准以及社会中的自我等等。学生(学员)如果能够正确地认识自我,明确学习目标和职业发展目标,并落实在实际行动上,对学生(学员)来讲是十分必要的。因此必须关注学生(学员)认识自我与人生、职业与社会的关系,从而树立社会责任感,明确职业发展目标,提高职业综合素质。

二、主题

我能找到自我吗

三、方案设计

（一）活动目标

1. 通过活动帮助学生（学员）正确地认识自己、了解自己。

2. 帮助学生（学员）选定适合自己发展的职业生涯路线，对自己的职业生涯目标做出最佳抉择。

（二）活动准备

1. 问卷调查表、笔。

2. 十张写有宝石名字的纸条。

3. 海报一张、A4 纸数张。

（三）活动过程

1. 破冰活动

"攀爬的青蛙"（见活动卡片1）。

2. 活动公约

参与活动的成员须坦诚、真实。

3. 体验活动

<u>活动1</u>："性格测试"（见活动卡片2）

请大家拿出上周发给大家的性格测试表（见测试表1），看看你是属于哪一种类型的人呢？测试的结果只能是作为一种参考，并不一定准确可靠。但是如果不是胡乱填写的话，起码你可以从测试结果中看到自己性格上的一些特征。

问题回答：

请大家把测试表翻过来看到背面空白页，准备好一支笔。在纸上填写以下信息：

```
我过去的状态：_____
我现在的状态：_____
我下一步想要达到的状态：_____
我最终想要达到的状态：_____
为了达到这样的状态，我会做的事情：
        1. _____
        2. _____
        3. _____
```

<u>活动2</u>："宝石工匠"（见活动卡片3，配舒缓的音乐）

在这个阶段需要注意代表着较前面几个状态的学生（学员）的感受，可以在其他学生（学员）体验过后，让其他人来替换，让他们也参加体验。

4. 总结提升

以讲述"放飞的气球"（见活动卡片4）故事作为活动总结。

四、积极体验之思

（一）导引者的话

本活动旨在健全学生（学员）的人格，培养学生（学员）健康的心理素质。在对学生（学员）开展职业生涯规划教育的同时,将心理健康教育内容有机渗透其中,同步加强学生(学员)的入学(入职)适应教育、学习指导、交往辅导、情绪管理以及就业、入职心理辅导,促使其不断反省自我,不断超越自我,使自我教育成为强烈需求。使学生(学员)真正感到自己的命运只能由自己掌握,而且在很大程度上取决于自己的人格品质、价值观,帮助他们学会重视自身的心理素质,重视积极的心理品质培养。

职业生涯规划教育通过开展多种形式的社会实践活动,可以拓宽心理教育课程难以提供的活动空间和实践机会,创造心理体验的机会,能有效弥补心理健康教育课程理论脱离实际的问题,学生(学员)通过活动、实践、训练等亲自体验而获得的心理健康知识将会更加牢固,也将极大增强学生(学员)的学习兴趣、职业认同感,激发源源不断的学习、工作动力,有效促进其身心健康成长。

(二)体验者的话

这样的活动很有趣很新鲜,大家都很喜欢! 在活动体验中获得的知识会掌握得更扎实,体会也更深刻,具有震撼灵魂的作用,它促使我们对现在对未来进行思考。

五、实践与探索

对在校学生,活动可延伸到对学生就业、职业选择和困惑等。

对在职幼儿教师,活动可延伸到职业选择、职业困惑、职业发展目标等。

六、活动卡片

活动卡片 1:

破冰活动"攀爬的青蛙"

从前,一只雄鹰振翅一飞,轻松地飞到了铁塔的塔顶。一群青蛙看到了艳羡不已,青蛙组织了一场攀爬比赛。比赛的终点是一个非常高的铁塔的最高点。一大群青蛙围着铁塔看比赛,给比赛的青蛙加油。比赛开始了。老实说,群蛙中没有谁相信这些小小的青蛙会到达塔顶,它们都在议论:"这太难了! 它们肯定到达不了塔顶!""它们绝不可能成功的,塔太高了!"听到这些,一只接一只的青蛙开始泄气了,除了那几只情绪高涨的还在使劲往上爬。

群蛙继续喊叫:"没有谁能爬上顶的!"越来越多的青蛙累坏了,纷纷退出了比赛。但有一只却仍在爬,而且越爬越高,没有一点放弃的意思。最后,其他所有的青蛙都退出了比赛,除了那一只,它费了好大的劲,终于成为唯一一只到达塔顶的胜利者。

很自然,其他所有的青蛙都想知道它是怎么成功的。有一只青蛙跑上前去问那只胜利者:"你哪来那么大的力气跑完全程?"它惊奇地发现,那只胜利者原来是个聋子。

通过这则故事,我们不难发现一个现象,许多人的脑子里有这样一个专门唱反调的旁白,这个旁白总是在各种场合给你泼冷水,你得善于识破它的小花招,不然的话,它就会得逞,让你永远一事无成。

许多人在面临职业生涯选择时总显得犹豫不决,这个现象被称为"艾尔维斯干扰"。如果你总是被它干扰,就永远无法在职业生涯中有所作为,在其他许多重要方面也成不了什么大器。喜剧明星范尼布莱斯曾说过这样一段话,"你就是你,不是别人眼中的你。如果你习惯了拿别人的意见当拐杖,当某一天这根拐杖消失了,你该这么办呢?"

人们总是习惯于低估自己,结果往往是弄假成真。对此,心理学家罗洛·梅总结道:许多人觉得,在命运面前,自己的力量微不足道,打破现有的框架需要非凡的勇气,因而许多人最终还是选择了安于现状,这样似乎更舒适些。所以在当今社会,"勇敢"的反义词已不是"怯懦",而是"因循守旧"。

活动卡片 2:

游戏活动"性格测试"

1. 你何时感觉最好?

a) 早晨

b) 下午及傍晚

c) 夜里

2. 你走路时是……

a) 大步地快走

b) 小步地快走

c) 不快,仰着头面对着世界

d) 不快,低着头

e) 很慢

3. 和别人说话时,你……

a) 手臂交叠地站着

b) 双手紧握着

c) 一只手或两手放在臀部

d) 碰着或推着与你说话的人

e) 玩着你的耳朵、摸着你的下巴,或用手整理头发

4. 坐着休息时,你的……

a) 两膝盖并拢

b) 两腿交叉

c) 两腿伸直

d) 一腿蜷在身下

5. 碰到你感到发笑的事时,你的反应是……

a) 一个欣赏的大笑

b) 笑着,但不大声

c) 轻声咯咯地笑

d) 羞怯地微笑

6. 当你去一个派对或社交场合时,你……

a) 很大声地入场以引起注意

b) 安静地入场,找你认识的人

c) 非常安静地入场,尽量保持不被注意

7. 当你非常专心工作时,有人打断你,你会……

a) 欢迎他

b) 感到非常恼怒

c) 在上两极端之间

8. 下列颜色中,你最喜欢哪一颜色?

a) 红或橘色

b) 黑色

c) 黄或浅蓝色

d) 绿色

e) 深蓝或紫色

f) 白色

g) 棕或灰色

9. 临入睡的前几分钟,你在床上的姿势是……

a) 仰躺,伸直

b) 俯躺,伸直

c) 侧躺,微蜷

d) 头睡在一只手臂上

e) 被盖过头

10. 你经常梦到你在……

a) 落下

b) 打架或挣扎

c) 找东西或人

d) 飞或漂浮

e) 你平常不做梦

f) 你的梦都是愉快的

分数:

1. (a) 2 (b) 4 (c) 6
2. (a) 6 (b) 4 (c) 7 (d) 2 (e) 1
3. (a) 4 (b) 2 (c) 5 (d) 7 (e) 6
4. (a) 4 (b) 6 (c) 2 (d) 1
5. (a) 6 (b) 4 (c) 3 (d) 5
6. (a) 6 (b) 4 (c) 2
7. (a) 6 (b) 2 (c) 4
8. (a) 6 (b) 7 (c) 5 (d) 4 (e) 3 (f) 2 (g) 1
9. (a) 7 (b) 6 (c) 4 (d) 2 (e) 1
10. (a) 4 (b) 2 (c) 3 (d) 5 (e) 6 (f) 1

答案:

【低于21分:内向的悲观者】

人们认为你是一个害羞的、神经质的、优柔寡断的、需人照顾的、永远要别人为你做决定、不想与任何事或任何人有关的人。他们认为你是一个杞人忧天者,一个永远看到不存在的问题的人。有些人认为你令人乏味,只有那些深知你的人知道你不是这样的人。

【21分到30分:缺乏信心的挑剔者】

你的朋友认为你勤勉刻苦、很挑剔。他们认为你是一个谨慎的、十分小心的人,一个缓慢而稳定辛勤工作的人。如果你做任何冲动的事或无准备的事,你会令他们大吃一惊。他们认为你会从各个角度仔细地检查一切之后仍经常决定不做。他们认为对你的这种反应一部分是因为你的小心的天性所引起的。

【31分到40分:以牙还牙的自我保护者】

别人认为你是一个明智、谨慎、注重实效的人。也认为你是一个伶俐、有天赋、有才干且谦虚的人。你不会很快、很容易和人成为朋友,但是是一个对朋友非常忠诚的人,同时要求朋友对你也有忠诚的回报。那些真正有机会了解你的人会知道要动摇你对朋友的信任是很难的,然而,一旦这信任被破坏,会使你很难熬过。

【41分到50分:平衡的中道者】

别人认为你是一个有活力的、有魅力的、好玩的、讲究实际的、而永远有趣的人;你经常是群众注意力的焦点,但是你是一个足够平衡的人,不至于因此而昏了头。他们也认为你亲切、和蔼、体贴、能谅解人;一个永远会使人高兴起来并会帮助别人的人。

【51分到60分:吸引人的冒险家】

别人认为你具有一个令人兴奋的、高度活泼的、相当易冲动的个性;你是一个天生的领袖、一个做决定会很快的人,虽然你的决定不总是对的。他们认为你是大胆的和冒险的,会愿意试做任何事至少一次;是一个愿意尝试机会而欣赏冒险的人。因为你散发的刺激,他们喜欢跟你在一起。

【60分以上:傲慢的孤独者】

别人认为对你必须小心处理。在别人的眼中,你是自负的、自我中心的、是个极端有支配欲、统治欲的。别人可能钦佩你,希望能多像你一点,但不会永远相信你,会对与你更深入的来往有所犹豫。

活动卡片3:

活动"宝石工匠"(配舒缓的音乐)

选出十名学生(学员)呈一字排开,每个同学(学员)代表宝石的一个状态,从左往右分别表示宝石的打造过程,分别是石头、砂岩、花岗岩、大理石、汉白玉、猫眼石、水晶石、红宝石、蓝宝石、钻石。这十个同学(学员)分别表示一个自我实现的状态,从石头到钻石是依次增高的顺序。每个学生(学员)手里可以举着一个写有宝石的牌子,或者是将写着宝石名称的纸条贴在身上醒目的位置。

当十名学生(学员)站好之后,教师开始放音乐,所有的学生(学员)有2分钟的时间,选择一个自己觉得符合自己的位置站好,比如:如果觉得自己现在的状态是处于石头和钻石之间的猫眼石的位置,那么就站到代表猫眼石的学生(学员)后面。如果觉得自己的状态处于钻石的位置,那么就站在代表钻石的学生(学员)后面。

站好之后,可以相互之间看一看其他同学(学员)是在什么样的状态。然后每个人说一下自己为什么选择在这个位置;也可以请代表十种状态的学生(学员)谈一谈他们的感受。

站在前一个状态的位置的同学(学员)可以问一下他下一个状态的学生(学员)他想问的问题。比如:如何才能达到这个状态? 你是如何做到的?

最后,所有的同学(学员)拿上刚才的测试表和笔围成一个圈,教师在事前准备好的海报上写上标题:"我们的决心",副标题:爱自己,追求自我实现。然后每个同学(学员)在自己测试表的背面适当修改内容并写上一句鼓励自己的话。

音乐淡出……

活动卡片4:

故事"放飞的气球"

当年,在纽约的街头,有一位卖气球的小贩,每当他生意不好时,总要向天空中放飞几只气球,由此引来周围很多正在玩耍的小朋友的围观,有的还兴高采烈地买他那色彩艳丽的气球。一天,当他在街头重复这个动作时,发现一群围观的白人小孩中有一位黑人小孩,他正用一种疑惑的眼光望着天空,小贩顺着他的目光望去,看到一个黑色的气球也在飞。黑色,在黑人小孩心中代表着肮脏、懦弱、自卑和下贱。精明的小贩很快就看出了这个小孩的心理,他走上去,用手轻轻触摸黑人小孩的头发,深情地说:"小朋友,气球能不能飞上天空,不在于它外表的颜色,而在于他心中有没有想飞的那口气。如果这口气够大够足,那它就可能飞上天空。"这个小孩就是美国著名的心理学家基恩博士。这个故事告诉我们,气球能不能飞上天空,在于它心中有没有想飞的那口气,一个人的成败不是因为种族、出身,关键在于你的心里有没有自信。你不能决定生命的长度,但你可以控制它的宽度。

你不能左右天气,但你可以改变心情。

你不能改变容貌,但你可以展现笑容。

你不能控制他人,但你可以掌握自己。

你不能预知明天,但你可以利用今天。

你不能样样顺利,但你可以事事尽力。

七、主要参考文献和网络资料

［1］《职业生涯规划》活动后之感想［EB/OL］. http://sly-sky. 1989. blog. 163. com/blog/static/84997434200942115628476

［2］苏珊.《浅谈中学生职业生涯规划》——心理健康课程有感［EB/OL］. http://blog. sina. com. cn/s/blog_714d36390102ecpc. html

第四篇

意志品质的磨练

理论支持

一 前言

    成功不是偶然的，因为成功的人都有着坚忍不拔的意志。许多人失败，并不是失败在才能和品德上，而是失败在意志上。人生就像一场旅行，不可能是一帆风顺的，总会遇到许多坎坷，没有勇气面对困难的人，在途中就放弃了，这就是缺乏意志的表现。成功与意志品质息息相关，而年轻时期是锻炼意志的关键期，只有具备了坚强的意志，才能克服学习、生活和工作上的困难，所以我们在日常生活中要不断磨练自身的意志，形成良好的行为习惯，为未来的生活和个人事业发展做好准备。

二 本章理论导读

（一）理论研究背景

    1993 年联合国教科文组织在北京召开国际研究会，中心议题为："面向 21 世纪的教育"。会议成员对 21 世纪人才所具备的精神和品格达成了共识：高境界的理想信念和责任感，强烈的自立精神，坚强的意志，良好的环境适应能力和较高的心理承受能力。由此可见，意志品质的教育是时代发展的要求，是面向 21 世纪的需要。如果不具备这些品质，就不能适应竞争日益激烈的现代社会。

（二）意志品质的具体内容

1. 自觉性

意志的自觉性是指是否对行动目的有明确的认识,是否意识到行动的实际意义,积极主动地根据目的来调节和控制自身行为方面的意志品质。意志的首要品质是自觉性,贯穿于意志行动的始终,自觉性是衡量一个人是否具有优良意志品质的重要条件之一。自觉性强的人,能够广泛地听取别人的意见并进行取舍,取其精华去其糟粕,并根据自身的情况确定符合客观实际的目标,制订相应的计划,克服活动中的各种困难,自觉地执行计划,达到既定的目的,并对行动过程及结果进行自觉反思和评价,不断调整自己的行为。

2. 果断性

意志的果断性是指一个人是否善于明辨是非,并根据具体情况迅速而合理地做出决定和执行决定方面的意志品质。果断性强的人,能够根据实情迅速地做出判断制定出对策,使意志行动能够顺利进行;而当情况发生新的变化需要改变行动时,能够随机应变,毫不犹豫地做出新的决定,以便更加有效地执行决定,完成意志行动。

3. 自制性

意志的自制性是指能否善于控制和支配自己行为方面的意志品质。自制性强的人,在意志行动中,不容易受无关因素的干扰,善于控制自己的情绪,坚持完成意志行动,达成既定的目标。即使在各种条件都非常困难的情况下都能制止自身不利于达到目的的行动。

4. 坚持性

意志的坚持性是指在意志行动中能否坚持决定,百折不挠地克服困难和障碍,完成既定目的的意志品质。这是最能体现人的意志的一种品质。坚持性强的人能根据目的要求,在长时间内毫不松懈地保持身心的紧张状态,在任何情况下,都坚持不变,直至达到目的。在遇到困难时,它能激励自己树立起克服困难的信心,始终如一地完成意志行动。

（三）如何帮助学生（学员）提升其意志品质

1. 加强动机教育,培养正确的观念

健康而强烈的动机就是一种动力,它可激励人们去奋斗,动机越高尚、越强烈,意志行动也就越坚决而持久。人的行动受动机和目的的调节,因而加强学生(学员)的学习动机的教育,有利于培养坚强的意志品质。在教育实践中,我们每个人的学习动机都不尽相同,应采用适合职业院校学生年龄特点和幼儿教师职业特点的生动活泼的教育形式,帮助他们形成稳固的学习动机和认真的学习态度,使他们把学习动机与理想结合起来,逐步提高动机水平。

2. 引导学生（学员）参加各种实践活动,培养克服困难的毅力

良好的意志品质是在实践活动中产生和发展的。人只有经过实践的反复锻炼,才能形成坚强的意志品质,形成良好的行为习惯。在组织学生(学员)参加各种实践活动进行行为练习时,一要根据学生(学员)的实际情况提出明确的要求,使他们知道锻炼的目的与方法,以便获得信心和成功感;二要有意创设困难情境和艰苦条件,以激发学生(学员)克服困难的主动性和自制力;三要组织锻炼经常化。因为良好的意志品质不是一朝一夕形成的,需要经过反复锻炼方能奏效;四要及时总结,给予正确的评价和强化,这样才能增强行为练习的自觉性与积极性,收到主动锻炼的效果。

3. 树立榜样,从中吸取营养

"榜样的力量是无穷的",向学生(学员)介绍历史上的名人、文学作品中的典型形象、现实生活中的强者、社会主义现代化建设中的先进人物,从中汲取营养,增强锻炼意志的自觉性。另外,教师、培训者、管理者是学生(学员)最直接的学习榜样,教师在教学及日常生活中体现出来的顽强品质有助于学生(学员)在学习生活中产生不怕苦、不怕累的行为。因此教师、培训者、管理者要加强自身修养,使自己具备良好的意志品质,以身示范,做出表率。

4. 严格要求,加强管理

在现实生活中,职业院校学生往往定力较差,经不住外界的诱惑,经常做出违反道德准则或纪律的事情,这主要是职业院校学生的道德意志不坚强,或没有养成良好的行为习惯所致。而幼儿教师由于其工作处于基础教育的起始阶段,感觉社会对幼儿教育的重视不够,教育对象又是3—6岁的孩子,被教育对象不可能对教师起到监督和督促的作用,然而这对幼儿教师的自律要求应比其他教师更高,因此,学校、幼儿园要加强管理,严格要求,严格检查,及时纠正,使学生(学员)养成自觉遵守道德规范,养成讲文明、懂礼貌、守纪律、执行准则的好习惯。要根据学生(学员)的实际,适当组织他们参加一些有益身心健康的活动,引导他们遵守活动规则,也可有意识地让学生(学员)在困难中锻炼意志,逐步形成坚定、顽强、果断的意志品质。此外,要正确使用奖惩,帮助学生(学员)根除不良习性,养成自觉遵守纪律等良好习惯。

 阅读资料

邰丽华的故事

邰丽华2岁时,因一次高烧丧失了听力。没过多久,她甜美的歌喉也关闭了。从那以后,她陷入了无声世界,自己却茫然不知。直到5岁,幼儿园的小朋友轮流蒙着眼睛,玩辨别声音的游戏,她才意识到自己与别人不一样,她伤心地哭了。为此,父亲带她辗转武汉、上海、北京等地求医问药,只要听说哪里有一线治疗希望就不会放过,但始终不见好转。眼看要满7岁了,父母将她送入市聋哑学校学习。

舞蹈使邰丽华品尝到无穷的欢乐,但她知道,在现代化的今天,知识对于一个人的重要性。17岁那年,她给自己定下新的目标:上大学。于是她又将自己练舞的倔劲放在学习文化课上,1994年如愿以偿地考取了湖北美术学院装潢设计系,成为了一名大学生。

如今,邰丽华成了中国残疾人艺术团里的台柱子。她不仅担任了残疾人艺术团演员队队长,出任了中国特殊艺术协会的副主席,同时她也是中国残疾人艺术团的"形象大使",先后在40多个国家巡回演出,她的演出剧照总是出现在艺术团宣传材料最醒目的位置。(摘自《中国历史故事网》)

关于如何培养意志力

培养意志力的过程,大多要配合一个计划实施的过程,使人能够习惯于利用计划管理自己,因为计划实在是最能够形成效率的一种工具。而提高效率以及达成目标,才是培养意志力的目的。

首先是明确计划的目标。目标要尽可能明确:考试,希望获得什么样的成绩;工作,达到什么绩效。这个目标要合理,不过高,也就是不浪费过多的精力在细枝末节,也不要太低。考试还可以用简单的一个成绩来计划,工作绩效、个人发展,则都需要详细分析,把目标尽可能细化。

其次是了解自己可以借助的资料。如果是考试复习,有什么教材,什么参考书,什么辅助材料;完成工作,有什么资源,什么渠道。如此,才能做到磨刀不误砍柴工。

以上是备料,接下来是定计划。计划定完了关键在于执行,为了执行起来更有动力,更容易完成,有以下几个可以借鉴的秘诀:

计划要前紧后松,先难后易。定计划的时候都是最有动力的时候,好好利用,可以事半功倍。一开始的时候最上心,不妨就利用这段最有劲的时间把不喜欢做的、难做的都先做了,一方面将来懈怠了,做起简单的事也不会太为难,另一方面一鼓作气,看前面这么难的事情都攻克了,后面心情一好,就能把计划完完全全地坚持下来,这是最好的结果了。

计划分阶段进行。一个长达一个月的计划,分成四周进行,每周分别明确任务,明确目标,便于检查进度。阶段数以 3 至 5 个为宜,如果每个阶段里的时间都很长,大阶段里可以套小阶段,每个阶段总结一下计划的完成情况,提前完成可以小小庆祝一下,拖后了则要尽快弥补。"周"和"月"这两个单位实在是很好用的,不过要见机行事。

计划要有修改和弥补的余地,并且这个余地不能影响计划整体的实现进度。如果你时间紧,就要自己加把劲,把计划定得更紧一点,以便留一点时间在最后一两天,复习完了还能看看有没有什么遗漏。工作更是如此,要有了解全局的能力。

一切具备,只欠实践。实践中要赏罚分明,也要多鼓励自己,利用正面的力量。当你善于利用计划完成自己的事情,你会乐此不疲,因为这实在是既有成就感又有趣味的事情。(摘自《百度百科》)。

活动体验 1　　意志伴我行

杨　丽

一、活动来源

　　"意志"作为影响人成长的非智力因素之一,在人毕生的成长中占据着非常重要的地位。意志是自觉确定目的,并根据目的来支配和调节自己的行为、克服各种困难,从而实现目的的心理活动。意志作为自我认知的内容之一是个人学习和事业成功的重要心理因素。

二、主题

　　意志伴我行

三、方案设计

　　(一)活动目标

　　1. 通过活动使学生(学员)了解意志对学习、工作的重要作用。

　　2. 帮助学生(学员)找到意志薄弱的原因并采取措施克服。

　　3. 引导学生(学员)体验意志的重要性,并找到适合自己的方式锻炼意志。

　　(二)活动准备

　　意志力自我检测表、活动课件。

　　(三)活动过程

　　1. 破冰活动

　　选择一首节奏明快的古典音乐,相应音乐片段对应相应动作,请活动参与者随组织者一起放松。(组织者可和着音乐随意变化动作)

　　2. 活动公约

　　认真聆听、相互尊重、积极参与。

　　3. 体验活动

　　活动 1:"游戏体验"(见活动卡片 1)

　　课件展示某某同学(学员)在课堂学习中的心理活动,以如何克服疲倦为主。

　　活动 2:"意志力自我检测"(见活动卡片 2)

　　4. 总结提升

　　刚刚同学(学员)们找到了生活中困扰我们意志的很多情况,并且大家集体发挥智慧交流了很多方法。坚强的意志是人们生活中不可缺少的一种优良的心理品质,也是人们取得事业成功的必要条件。美国心理学家推孟及其合作者经过长达 50 年之久的对超常儿童的追踪研究发现:成就最大的 160 名超常儿童与成就最小的 160 名超常儿童明显的差异是意志品质的强弱。让我们从小事做起,逐步训练自己,只要坚持下去,你一定会拥有坚强的意志,成就美好的明天!

四、积极体验之思

(一)导引者的话:意志作为自我认知的内容之一是个人学习和将来事业成功的重要心理因素。通过活动体验,同学们认识到意志品质对个人未来发展的重要作用,并意识到意志是可以培养、锻炼的,纷纷表示要自觉培养意志品质,做一个有着坚强意志品质的人。

(二)体验者的话:意志力是可以通过训练而培养的,我不用再羡慕他人拥有坚强的意志力了。活动体验中,我已经感受到自己的意志并没有想象中那么糟糕,今后的生活中,我希望能多锤炼自己,取得满意的结果。

五、实践与探索

让学生(学员)在实际情境自我体验,锻炼意志力。

方法:同学(学员)就一周中生活、学习中的一个情境来谈谈自己成功、失败的原因。情境包括:制定情境目标、目标达成度、原因分析、个人建议。

如,情境目标:一周零花钱 50 元,节约零花钱 10 元。目标达成度:节约零花钱 5 元。原因分析:买零食用了较多零花钱。个人建议:少去小卖部、一日三餐吃饱、自我监督、语言暗示。

检查:记入成长册。

六、活动卡片

活动卡片 1:

活动"游戏体验"

1. 活动:10 名同学(学员)围成一圈练习"站桩":两手自然下垂,伸出一条腿面向圆心,另外一条腿站立,上身保持平直。请最先放弃和坚持到最后的学生(学员)谈一谈感受。是什么让自己放弃、是什么让自己坚持到最后?

2. 概念学习

师:现在我们越来越多地提到这样一种观点——影响一个人成就的决定因素在于一个人的情商。也就是说一个人是否聪明并不能决定一切,而意志作为情商的其中一项内容显然具有很重要的作用,什么是意志呢? 意志是自觉确定目的,并根据目的来支配和调节自己的行为、克服各种困难,从而实现目的的心理活动。

3. 体验意志

方法:将班上同学(学员)预先分成 5 人一组,讨论最近几天、一周、一个月本人认为自己最没有意志力控制的事情是什么? 匿名写在小组的白纸上,时间为 5 分钟。然后交给主持人,由主持人挑选十个小组中最普遍的情况,向同学(学员)征集帮助信息。小组上交信息时,先由小组长将本小组最集中的一、两件事件写在白纸上。最后整理。教师提出自己的建议:(1)明确具体的目标,目标宜小不宜大,如"我计划多读一点书"不如"我计划每天晚上读一小时的书",只有这样才不至于半途而废;(2)从小事做起,如今天应练琴,要把练琴一事放在自己随处可见的地方提醒自己;(3)正确对待失败、挫折、逆境和困难,不要害怕失败,不要害怕遭受挫折,应正确看待这些负性的东西,给自己勇气和信心,从而用于意志的培养;(4)积极参加体育锻炼。健康的体魄是毅力的基础。

活动卡片 2:

"意志力自我检测"

1. 我很喜爱长跑、远途旅行、爬山等体育运动,但并不是因为我的身体条件适合这些项目,而是因为它们能使我更有毅力。

A. 很不同意　　　B. 比较同意　　　C. 说不清　　　D. 不大同意　　　E. 不同意

2. 我给自己定的计划常常因为主观原因不能如期完成。

　　A．这种情况很多　B．比较多　　　　C．不多不少　　　　D．较少　　　　　E．没有

3. 如没有特殊原因,我能每天按时起床,按时睡觉。

　　A．很同意　　　　B．比较同意　　　　C．说不清　　　　　D．不大同意　　　E．不同意

4. 定的计划应有一定的灵活性,如果完成计划有困难随时可以改变或撤消它。

　　A．很同意　　　　B．较同意　　　　　C．无所谓　　　　　D．不大同意　　　E．不同意

5. 在学习和娱乐发生冲突的时候,哪怕这种娱乐很有吸引力,我也会马上决定去学习。

　　A．经常如此　　　B．较常如此　　　　C．时有时无　　　　D．较少如此　　　E．从不如此

6. 学习和工作中遇到困难的时候,最好的办法是立即向老师、家长、同学求援。

　　A．同意　　　　　B．比较同意　　　　C．无所谓　　　　　D．不大同意　　　E．反对

7. 在练长跑中遇到生理反应、觉得跑不动时,我常常咬紧牙关,坚持到底。

　　A．经常如此　　　B．较常如此　　　　C．时有时无　　　　D．较少如此　　　E．非如此

8. 我常因读一本引人入胜的小说而不能按时睡觉。

　　A．经常如此　　　B．较常如此　　　　C．时有时无　　　　D．较少如此　　　E．从不如此

9. 我在做一件应该做的事以前,常能想到做与不做的好坏结果,而有目的地去做。

　　A．经常如此　　　B．较常如此　　　　C．时有时无　　　　D．较少如此　　　E．从不如此

10. 如果对一件事不感兴趣,那么不管它是什么事,我的积极性都不高。

　　A．经常如此　　　B．较常如此　　　　C．时有时无　　　　D．较少如此　　　E．从不如此

11. 当我同时面临一件该做的事和一件不该做却吸引着我的事时,我常常经过激烈斗争,使前者占上风。

　　A．是　　　　　　B．有时是　　　　　C．是与非之间　　　D．很少这样　　　E．不是

12. 有时我躺在床上,下决心第二天要干一件重要的事,例如突击学外语,但到第二天,这种劲头又消失了。

　　A．常有　　　　　B．较常有　　　　　C．时有时无　　　　D．较少　　　　　E．没有

13. 我能长时间做一件重要但枯燥无味的事情。

　　A．是　　　　　　B．有时是　　　　　C．是与非之间　　　D．很少这样　　　E．不是

14. 生活中遇到复杂情况时,我常常优柔寡断,举棋不定。

　　A．常有　　　　　B．有时有　　　　　C．时有时无　　　　D．很少有　　　　E．没有

15. 做一件事之前,我首先想到的是它的重要性,其次才想到它是否使我感兴趣。

　　A．是　　　　　　B．有时是　　　　　C．是与非之间　　　D．很少是　　　　E．不是

16. 我遇到困难情况时,常常希望别人帮我拿主意。

　　A．是　　　　　　B．有时是　　　　　C．是与非之间　　　D．很少是　　　　E．不是

17. 我做一件事时,常常说干就干,决不拖延或让它落空。

　　A．是　　　　　　B．有时是　　　　　C．是与非之间　　　D．很少是　　　　E．不是

18. 在和别人争吵时,虽然明知不对,我却忍不住说一些过头话。

　　A．是　　　　　　B．有时是　　　　　C．是与非之间　　　D．很少是　　　　E．不是

19. 我希望做一个坚强的有毅力的人,因为我深信"有志者,事竟成"。

　　A．是　　　　　　B．有时是　　　　　C．是与非之间　　　D．很少是　　　　E．不是

20. 我相信机遇,许多事实证明,机遇的作用有时大大超过人的努力。

　　A．是　　　　　　B．有时是　　　　　C．是与非之间　　　D．很少是　　　　E．不是

　　评分:凡单序号题(1、3、5……),每题后面的五种回答,A、B、C、D、E 依次记 5、4、3、2、1 分。凡双号题(2、4、6……),每题后面五种回答依次记 1、2、3、4、5 分。

20 道题得分之和与意志品质的关系如下：

81—100 分　　意志很坚强

61—80 分　　意志较坚强

41—60 分　　意志品质一般

21—40 分　　意志较薄弱

　0—20 分　　意志很薄弱

七、主要参考文献和网络资料

［1］孟万金.积极心理健康教育［M］.北京：中国轻工业出版社，2008.

活动体验 2　　我自信，我成功

周玉梅

一、活动来源

毕业季就要来临,同学们对未来的就业和生活迷茫的气氛也越来越浓了,即使能力较强的同学也有迷茫感,不知怎样才能充分地将自己的优势和能力展示出来,表现出对自己没有把握,不能够正确地面对和肯定自己。

新上岗或转岗的幼儿教师,在新岗位上,也表现出对职业岗位的茫然和不自信。通过对毕业生和新入职幼儿教师的自信心的问卷调查,发现大部分同学(学员)缺乏自信心,甚至有的同学(学员)还有自卑的心理存在。针对这一情况,开展旨以帮助学生(学员)认识自我、肯定自我、树立自信心的活动体验课。

二、主题

我自信,我成功

三、方案设计

(一)活动目标

1.通过活动使学生(学员)能够认识自我,接纳自我,建立自信心,以积极、健康的心态面对人生,迎接挑战。

2.通过同学(学员)相互间的赞美,感受被他人认可的快乐,同时学会欣赏他人,接纳他人,从而帮助自己和别人建立自信。

3.帮助学生(学员)形成向上、乐观、充满自信的健康心理。

(二)活动准备

调查问卷、自信心测试题。

(三)活动过程

1.破冰活动"脚踏实地,勇攀高峰"

引导全体学生(学员)随《胡桃夹子进行曲》进行手部的律动活动。

2.活动公约

积极参与,客观真诚,坦诚相见。

3. 体验活动

活动 1：情境表演"谁是自信者"(见活动卡片 1)

活动 2：自信心调查与测试(见活动卡片 2、3)

活动 3："目光炯炯"(见活动卡片 4)

(1) 说优点时体会每一遍的感觉有什么不同？

(2) 一次一次地遭到拒绝，心情如何？

(3) 拒绝别人时有何感受？

(4) 今后的学习、工作中，你打算采取什么样的态度对待别人？

活动 4："优点轰炸"(见活动卡片 5)

(1) 被大家指出优点时有何感受？

(2) 是否有一些优点是自己以前没有意识到的？ 是否加强了对自身优点、长处的认识？

(3) 指出别人的优点时你有何感受？

活动 5："让自信与我们同行"(见活动卡片 6)

4. 诗歌分享《自信》(见活动卡片 7)

5. 欣赏歌曲《相信自己》

6. 总结提升

亲爱的同学(学员)们，请坚定你的信念，拟定你的目标，付出真正的努力，满怀信心地向目标一步步行进，成功将会属于你。

四、积极体验之思

(一) 导引者的话

自信心对于每一个人来说都很重要，期望能够帮助学生(学员)克服学习和工作中的困难，面对人生中的逆境，能够正视自己的人生。其实对于教师而言，帮助学生建立了自信，也是帮助自己建立自信。将心理测试放到了活动当中，让学生(学员)对自己有了更正确的认识，由于有的学生(学员)在测试中被验证出不自信，其最真实的一面也便表露出来，抓住这个契机，从这些表露出不自信的学生(学员)入手展开活动，帮助他们在活动中寻找自信，帮助他们在活动中真实地表达自我、肯定自我，也通过全体成员的互动，帮助他们重新认识了自我。

(二) 体验者的话

学员 A：我认为自己在一定程度上树立了自信，比如在"优点轰炸"这个游戏中，我原来对自己的优点不知道或不清晰，但在活动中，由于成员之间的真诚表达，我更清晰地认识了自己的优点，自信心大增。

学员 B：我认为通过这个活动还增加了同伴间的友情和沟通，尤其在"优点轰炸"活动中，我感觉很真实、很感人，受到了极大的感染。

五、实践与探索

活动后请学生(学员)列出自己的每一条优点，每天以赞赏的眼光去看它们，坚持一个月，争取养成积极暗示的思维习惯。

六、活动卡片

活动卡片 1：

情境表演"谁是自信者"

可设计学习、活动或工作等场景，找三名学生(学员)分别扮演具有自卑、自负和自信心理的行为表现。

请大家在树叶堆里寻找到自己喜欢的那一片，然后相互比较一下。

世界上找不到两片相同的叶子，也找不到两个完全相同的人，每个人都是独特的、唯一的、宝贵的，要正确认识自己，相信自己，才能做最好的自己，抵达成功的彼岸。

讨论:"表演中的 A、B、C 分别是什么心理的表现?"各自有什么特点?

自卑——自己看不起自己,觉得处处不如人家,自我评价偏低,以致产生轻视自己的情感。

自负——自以为了不起,过高地评价自己,看不到自己的缺点。

自信——自己相信自己,能客观地评价自己。

活动卡片 2:

自信心问卷调查(是记 1 分,否记 0 分)

1. 别人批评你,你会觉得难过吗? ○是。○否。

2. 你很少对人说出你真正的意见吗? ○是。○否。

3. 对别人的赞美,你持怀疑的态度吗? ○是。○否。

4. 你总是觉得自己比别人差吗? ○是。○否。

5. 你对自己的外表满意吗? ○是。○否。

6. 你认为自己的能力比别人强吗? ○是。○否。

7. 你是个受欢迎的人吗? ○是。○否。

8. 你认为自己很有魅力吗? ○是。○否。

9. 一旦你下了决心,即使没有人赞同,你仍然会坚持做到底吗? ○是。○否。

10. 你懂得搭配衣服吗? ○是。○否。

11. 危急时,你很冷静吗? ○是。○否。

12. 你与别人合作无间吗? ○是。○否。

13. 你认为自己只是个寻常人吗? ○是。○否。

14. 你经常希望自己长得像某某人吗? ○是。○否。

15. 你经常羡慕别人的成就吗? ○是。○否。

16. 你会为了讨好别人而打扮吗? ○是。○否。

17. 你勉强自己做许多不愿意做的事吗? ○是。○否。

18. 你任由他人来支配你的生活吗? ○是。○否。

19. 你认为你的优点比缺点多吗? ○是。○否。

20. 你经常跟人说抱歉吗? 即使在不是你错的情况下。○是。○否。

21. 如果在非故意的情况下伤了别人的心,你会难过吗? ○是。○否。

22. 你希望自己具备更多的才能和天赋吗? ○是。○否。

23. 你经常听取别人的意见吗? ○是。○否。

24. 在聚会上,你经常等别人先跟你打招呼吗? ○是。○否。

25. 你每天照镜子超过三次吗? ○是。○否。

26. 你的个性很强吗? ○是。○否。

27. 你的记性很好吗? ○是。○否。

分数为 16—27:说明你对自己信心十足,明白自己的优点,同时也清楚自己的缺点。

分数为 8—16:说明你对自己颇有自信,但是你仍或多或少缺乏安全感,对自己产生怀疑。你不妨提醒自己,在优点和长处各方面并不输人,特别强调自己的才能和成就。

分数为 8 分以下:说明你对自己显然不太有信心。你过于谦虚和自我压抑,因此经常受人支配。从现在起,尽量不要去想自己的弱点,多往好的一面去衡量;先学会看重自己,别人才会真正看重你。

活动卡片 3:

自信心测试题

1. 你买了一件很得意的衣物,可室友说不适合你,你会:

A. 把它放到衣橱里

B. 照穿不误

2. 早晨照镜子,看着镜子里的自己,你感到:

A. 很亲切

B. 有点陌生

3. 别人想让你做一件你不喜欢的事,你会:

A. 勉强自己去做

B. 拒绝

4. 做决定之前,你会:

A. 自己拿主意

B. 征求多方面意见

5. 你认为自己:

A. 缺点多于优点

B. 优点多于缺点

6. 你认为自己的能力:

A. 比大多数人强

B. 比大多数人差

7. 别人称赞你,你会:

A. 很不好意思

B. 很开心

8. 说的话你发现有问题,你会:

A. 提出来讨论

B. 认为是自己多虑

评分标准:

单数题:A—0分,B—1分;

偶数题:A—1分,B—0分

说明:

1. 如果得分高于5分:你对自己信心十足,但注意不要给人自大的印象。

2. 如果得分是3—4分:你对自己有信心,但或多或少有些自我怀疑,你要更强调自己的特长。

3. 如果得分低于2分:你对自己缺乏信心,自我压抑,你要学会相信自己。

活动卡片4:

活动"目光炯炯"

两人目光对视一分钟,轮流说出自己的一个优点,态度肯定,大声说三遍。随后,轮流请求对方做某事或借东西。一分钟内以各种方式要求对方,对方则反复拒绝。

活动卡片5:

活动"优点轰炸"

小组成员被别人指出优点,每个人只对被谈论者指出一个确实存在的优点,被谈论者只允许静听,不必做任何表示。注意体会被大家指出优点时的感受。

活动卡片6:

活动"让自信与我们同行"

要求:为自己的好朋友设计一个鼓舞人心的口头语,如:

A. 先相信自己,然后别人才会相信你。

B. 哪怕是最果断的人,只要他失去自信,也会变成懦夫。

活动卡片 7：

诗歌《自信》

如你"认为"自己会败,你已败了。

如你"认为"自己不敢,你是不敢。

如你"想"赢,却"认为"赢不了,

几乎可以断定你与胜利无缘。

如你"认为"自己会输,你已输了,……

成功始于人之"意志"——一切决于"心念"之间。

七、主要参考文献和网络资料

[1] 明宏.心理健康辅导团体训练[M].北京:世界图书出版公司,2010.

[2] 马建青.高中生心理健康辅导[M].杭州:浙江大学出版社,2005.

[3] 孟万金.积极心理健康教育[M].北京:中国轻工业出版社,2008.

活动体验 3   我　能　行

付　艳

一、活动来源

自信是人们成长与成才的重要心理品质。青少年学生和年轻的幼儿教师均处于必须明确自己个性的主要特征、考虑自己人生道路和事业发展的阶段。他们是一个独立的个体,渴望独立,时常会有自我评价偏高的现象,但理想和现实的矛盾,往往又打击和挫败了他们的自信心。从表面上看来,他们似乎很有主见,但实际上却是他们对自己的评价总是在自卑与自负的两个极端摇摆,尤其容易停留在自卑这个点上,因此,引导学生(学员)正确认识自信,并培养他们的自信心,是很有必要的。

二、主题

我能行

三、方案设计

(一)活动目标

1. 通过活动引导学生(学员)充分感悟自信的作用,掌握提高自信的方法。

2. 培养学生(学员)掌握提高自信的技巧与方法,积极向上地面对生活。

(二)活动准备

1. 查阅相关资料、设计活动情景、下载《我真的很不错》手语歌视频。

2. 设计、排练情景剧《幼儿教师技能大赛前夕》。

（三）活动过程

1. 破冰活动

"指定乾坤"（见活动卡片1）。

2. 活动公约

（1）活动中保持安静，懂得尊重别人。

（2）仔细倾听别人发言并融入其中。

3. 体验活动

在刚才的"指定乾坤"活动中我们可以看出，有的同学（学员）在介绍的时候充满了自信，而有的同学（学员）却表现出信心不足。自信，对我们的成功与否又有着什么样的作用呢？

活动1：故事《自信的力量》（见活动卡片2）

林德曼的故事对你有什么启发？

从林德曼的实验可以看出，人的精神状态确有难以估量的作用，不论在怎样艰难困苦的条件下，只要相信自己，对自己充满信心，就能激发人的潜能，增强人的意志力，促使人获得成功。

活动2：认识自信——情境剧"幼儿教师技能大赛前夕"（见活动卡片3）

（1）对刚才三位同学（学员）表现的看法。

（2）三种不同的表现，结果究竟如何。

甲表现得比较自卑，乙表现得比较自负。其实不管是自卑还是自负，都是自信的误区。自卑的人不相信自己的能力，过于低估自己，即使能够做得很好，也不敢尝试；自负的人不考虑自己的实际情况，往往过高估计自己，看不起别人，自以为是。只有自信的人才能实事求是地看待自己，既看到自己的优点，也能看到自己的缺点。

活动3：自信训练——"优点轰炸"

（1）以"认识自己"的活动形式进行。

没有抢到座位的同学（学员）站在场中，大家列出该同学（学员）的优点，说完后，让该同学（学员）谈谈感受，包括被大家指出优点时有何感受；是否有些优点是自己以前没有意识到的；是否加强了对自身优点、长处的认识。（如图4-3-1）

图4-3-1　认识自己

（2）分组讨论、交流：增强自信的个人经验。

(3) 小结:增强自信的方法。

心理学实验表明,日常训练可以逐步提高自信。

a. 为自己确立目标。

b. 要相信自己具有某种能力或优势。

c. 做事要有计划。

d. 要学会自我肯定、自我激励。

e. 把握每一次成功的机会。

f. 按著名学者赫尔巴特的话去做。"当你出门时,请把下颌收进,额头抬高,肺部吸满空气;碰着朋友,含笑地向他打个招呼;和人握手时精神要饱满,不要怕被人误解;做事必须打定主意,不要常常改变方向,一直向着既定的目标前进;把你的心完全放在你所希望的光明而伟大的事情上去"。

4. 总结提升:自信是成功的第一要诀,希望同学(学员)们今后都能以积极的心态面对学习和生活,从现在做起,从身边的一点一滴做起,朝着自己的目标去奋斗,成功一定是属于你们的!

播放手语歌《我真的很不错》,全体起立,一起做动作。活动结束。

四、积极体验之思

(一) 导引者的话

以"幼儿教师技能大赛前夕"作为让学生(学员)正确认识自信的活动,其原因主要是技能比赛和情景剧中的三种情况是学生(学员)中确确实实存在的,学生(学员)感觉会比较真实、亲切、可信。整个活动的设计都是以活动为主,学生乐于参与、主动性高,这也让我更明确了以后设计此类活动的方向。

对新入职或转岗幼儿教师开展培训活动时,还可先对参加培训的学员基本情况进行调查,选择活动时以能集中反映大家共性心理需求的内容为主,这样更具有针对性和实效性。

(二) 体验者的话

整节课以活动为载体,以发生在我们身边的实实在在的情景为例,感觉很真实,容易引起我们的共鸣。以活动为主的心理健康活动课,也让我们感觉轻松、随意,我们乐于参与活动,敢于表达自己的内心想法。我们在活动中去充分体验,在体验中去感悟,在感悟中收获,没有说教的感觉,我们喜欢这样的活动课。

五、实践与探索

系列的延续活动:

(一) 引导学生(学员)正确认识自我。

(二) 学习如何肯定自己和他人。

(三) 接纳自己并向自己期待的方向发展。

六、活动卡片

活动卡片 1:

破冰活动"指定乾坤"

每个人用三句话介绍自己:"我叫×××,我的爱好是×××,我的优点是×××。"介绍完后,快速指向另外一名没有做过自我介绍的同学,同时说出他的名字,让他继续做自我介绍。需注意的是,不能指向坐在自己左右的同学,也不能指向已经做过自我介绍的同学,否则就要表演节目。

活动卡片 2:

故事《自信的力量》

1900 年 7 月,德国精神科专家、医学博士林德曼独自驾着一叶小舟驶进了波涛汹涌的大西洋,他在进行一次历史上从未有过的心理学实验,他要验证一下自信的力量。林德曼博士认为,一个人只要对自己抱有信心,就能保持精神和机体的健康。当时,德国举国上下都关注着独自横渡大西洋的悲壮冒险,因为已经有一百多位勇士相继驾舟均遭失败,无人生还。林德曼博士认为,这些遇难者不是从生理上败下来的,主要是死于精神崩溃、恐慌与绝望,所以他决定亲自驾舟,验证自己的推断。在航行中,林德曼遇到了常人难以想象的困难,多次面临死亡,有时真有绝望之感。但只要这个念头一涌现,他马上就大声自责:懦夫,你想重蹈覆辙,葬身此地吗? 不,我一定会成功! 我一定会成功! 在经历千辛万苦之后,终于,他胜利渡过了大西洋,成为第一位独自横越的勇士。

活动卡片 3:

情境剧"幼儿教师技能大赛前夕"

旁白:市里马上就要举行幼儿教师技能大赛了,同学(学员)们都在做些什么呢? 让我们去看一看……

片断一:

甲:(来回不停地走动,表现得很兴奋,也很焦躁,自言自语地说)我也想去参加这次的技能比赛,可是我的职业技能平平,没有突出的方面,我去参加的话,同学(同事)们肯定会笑话我的,他们会不会说我的水平那么差还比什么? 我该怎么办? 我该怎么办呢? ……

片断二:

乙:(趾高气扬状)市里要举行幼儿教师技能比赛,这件事对我来说不过是小 case,到时拿个第一给他们看看,让他们羡慕! 不过要下个星期才比赛,时间还早着呢,今天是周末,我还是先上网和朋友好好聊聊吧。(坐下做敲键盘状)

旁白:比赛前一天……

乙:(焦急状)唉呀,明天就要比赛了,我还没有准备好呢,这下糟了,怎么参加比赛呢? 算了,这次就便宜那些人吧,下次,下次一定让她们看看我的厉害。(做释然状,吹着口哨走了)

片断三:

丙:市里要举行幼儿教师技能比赛,这正是一个让我们展示自己的机会。虽然我的各项专业技能不是特别棒,但我对幼儿的观察能力还比较准确。今天是周末,我要好好在其他几个方面的技能上准备一下,做好准备,不打无准备之仗。我一定要抓住这次机会!

七、主要参考文献和网络资料

[1] 刘颖等. 心理健康辅导——团体训练[M]. 北京:世界图书出版公司,2005.

[2] 吴增强. 高中生心理辅导指南[M]. 上海:上海科技教育出版社,2007.

第五篇

积极优势的打造

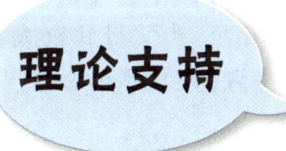
理论支持

一 前言

不同的心态所看到的事物是不一样的,积极的情感、认知、人格、关系可使人感受到美、体验到美,产生幸福感,对生活起到积极向上的作用。打造积极优势,对于情绪波动大、易冲动的年轻人来说,能够激发个体的潜能与优势,促进个体发展与适应社会,实现个人的人生价值和奋斗目标。

二 本章理论导读

（一）理论研究背景

积极心理学的研究渊源,最早可追溯到 20 世纪 30 年代推孟(Terman)关于天才和婚姻幸福感的研究,以及荣格的关于生活意义的研究。从上世纪五六十年代开始,一些心理学研究者开始探索和研究人的积极层面,大大地推动了积极心理学的发展。特别是马斯洛、罗杰斯等倡导的人本主义思潮,以及其所激发的人类潜能运动,对现代心理学的理论产生了深远影响,在一定程度上引起心理学家对于心理活动的积极面的重视,为现代积极心理学的崛起奠定了理念基础。

步入高职的学生,表现出了明显的个人理想和现实差异的心理矛盾。学习方面,付出了努力,而未能如愿进入理想的大学,怀疑自己,从而产生自卑心理。但动手能力较强,勇于表现自己成为高职学生生活、学习动力的助推力,在科学合理的引导下,能爆发出惊人的创造力。

新入职或转岗的幼儿教师同样面临虽解决了就业问题,但由学生或小学教师要转变为幼儿教师,导致幼儿教师的角色意识并不到位,从心理角色、岗位角色到工作状态,都不适应或者说都不在状态,因此帮助其适应新的环境、新的岗位和新的角色,体会到幼儿教师职业的幸福感和工作给予的快乐,充分激发起教师个体积极优势,势必对其工作、生活和未来发展起到积极作用。

(二)具体内容

1. 积极的情绪体验

积极的情绪体验包括高兴、兴趣、幸福感、满足、自豪、快乐和爱等。幸福感、快乐和爱是研究的热点。积极情绪体验可以使个体发挥自己的主动性,提高认知的灵活性,促使创新性的思想和行为的诞生,并使这些思想和行为迁移到其他方面,消解心理紧张,缓解压力。

2. 积极的人格

积极人格特质主要是通过对个体各种现实能力和潜在能力加以激发和强化,当激发和强化使某种现实能力或潜在能力变成一种习惯性的工作方式时,积极人格特质也就形成了。主要包括乐观、专注力、毅力、诚实、勇气等方面。积极人格形成的动力有内部动机(无明显的外在奖励、个体自身兴趣、满足个体内在心理需要和一定的挑战性)和外在动机。可以通过增进积极体验和培养良好的自尊来培养积极的人格。

3. 积极的社会环境

人及其经验是在环境中得到体现的,同时环境又在很大程度上影响了人,一个人良好的环境适应性实际也是一种积极的心理品质。社会关系、文化规范、潜能发展的家庭影响等研究能够支持和发展人的能力及长处。其各种支持系统或组织包括:家庭、学校、社会文化条件、语言环境等。马斯洛、罗杰斯等人指出,当孩子的周围环境(包括教师、同学和朋友)提供最优的支持、同情和选择时,孩子就最有可能健康成长和自我实现。相反,当父母和权威者不考虑孩子的独特观点,或者只有在孩子符合一定的标准才给予被爱的信息的话,那么这些孩子就容易出现不健康的情感和行为模式。

(三)如何帮助学生(学员)提升其优势

1. 充实自己,追寻生命和生活的意义

幸福感、快乐是积极情绪体验的重要特征之一,学生(学员)如果要获得幸福感和快乐等这些积极情绪体验,就不能虚度年华,在学习和工作之余多读书,滋养和培育自己的优秀品质和专业技能,不断地充实自己,在这过程中不断寻找自己的人生目标,感受幸福、快乐,并使人的生存质量得到提升,热爱生活,并在社会实践中去实现生命的价值,为步入社会实现自己的人生理想打下坚实的基础。

2. 正确认识自己,健全人格

学会正确地认识自己,对自己的能力、行为和性格特点能进行正确的自我评价,并在行动上扬长避短,积极做自己力所能及的事情,树立自信心,克服自卑情绪,并且学会反思、内省,逐渐地弥补自身的不足,健全自身的人格。

在人际交往的过程中,健全优秀的人格会获得丰厚的回报。在待人接物时,如果高职生能做到真诚地对待别人,信任和理解他人,克制自己的不良情绪等,人际关系就会变得持久和融洽,即使有些小误会,也能很快消除,以营造一个良好的学习生活环境。

3. 多参与社会活动

可以经常参与校(园)内或校(园)外开展的社会活动,使学生(学员)自己的专业知识和实践技能得到锻炼和充分发挥,从中得到成功的喜悦,树立信心,从而有效地克服不良的心理体验,以便更好地

适应社会环境。

 阅读资料

找到你的优势

一位老人在湖边垂钓,旁边坐着一个愁眉不展的男青年。老人问:"为何总是这样垂头丧气?""哎,我是个穷光蛋,一无所有,哪里开心得起来?"青年人非常郁闷地答道。"那这样吧,我出 20 万买走你的自信心。"老人想了想说道。"没有那点自信心我就什么也做不成了。"男青年想都没想一口拒绝。"再出 20 万买你的智慧,你可愿意?"老人继续出价。"一个空空的头脑什么也做不了。"青年头摇得像拨浪鼓。"我再出 30 万买走你的外貌。"老人望着年轻人的面容说道。"没有了外貌活着还有什么意思,不卖。"青年人答道。"这样吧,最后再出 30 万买你的勇气,如何?"老人笑嘻嘻地询问道。"我可不想成为一个一蹶不振的人。"青年人愤愤地欲转身离去。老人忙挽留缓缓说道,"慢,你看,我分别用 20 万买你的自信心,20 万买你的智慧,30 万买你的外貌,30 万买你的勇气,这些一共是 100 万元,你都没有同意卖,年轻人,你拥有 100 万,你还能说你是穷光蛋吗?"男青年瞬间恍然大悟,他明白了,自己并不是一无所有,只是没有看到自己的优势,成天就知道埋怨命运,以至于疏于奋斗,错失了很多成功的好机会。

其实,每个平淡无奇的生命中,都蕴藏着一座丰富的金矿,只要你肯挖掘,你就会挖出令自己都惊讶不已的宝藏来。那么你的宝藏是什么呢?(摘自网络 http://www.jyfz.fxedu.cn/guifan/ShowArticle.asp? ArticleID=1598)

马努杰死亡回旋梯

马努杰是一名平凡的推销员。但他却有着一个不平凡的记录,即在 47 年的职业生涯中,为 207 个公司工作,平均一年换 5 次工作,平均两个月就被辞退或跳槽一次。他的这个记录已经成为职业生涯规划的一个反面典型案例——"马努杰死亡回旋梯"。

"死亡回旋梯"的出现是诸多因素综合作用的结果,但马努杰不了解自己的优劣势、不清楚自己适合的工作环境、缺乏必要的职业技能,是悲剧出现的核心原因。事实上,现实的职场中类似的"马努杰现象"并不少见。(摘自《百度文库》)

活动体验 1　心的启航

孙立枫

一、活动来源

运用积极心理学理论,从学生(学员)发展特点和职业教育的职业特点出发,结合社会对应用型技能型人才的特殊需求,运用职业生涯规划中自我认知的一种非正式评估方法——生涯幻游,帮助学生(学员)认识职业生涯规划,认识生涯管理的重要性,畅想自己的职业生涯,享受职场的快乐与幸福。

二、主题

心的启航

三、方案设计

(一)活动目标

1. 通过生涯幻游,唤醒学生(学员)内心真正的需要。

2. 帮助学生(学员)在了解自我和了解社会的基础上进行生涯管理规划,从而有动力去实现自己的生涯目标。

3. 培养学生(学员)提高个人就业和岗位竞争的能力。

(二)活动准备

破冰音乐《雨点变奏曲》、"生涯幻游"、《工作世界调查表》。

(三)活动过程

1. 破冰活动

《雨点变奏曲》(见活动卡片1)。

2. 活动公约

(1)尊重生命的感动,全程参与,不可私下换组。

(2)尊重他人,认真倾听他人诉说,分享时不要发出任何声响,关闭手机。

(3)对他人的体验诉说要保密。尊重自己,全身心投入,珍惜自己的生命时间,诉说真实的感受体验。

3. 体验活动

活动1:"生涯幻游"(见活动卡片2)

第一站:三年(2018年),在哪里下车? 和谁在一起? 在做什么? 周围的环境怎样?

第二站:五年(2020 年),在哪里下车? 和谁在一起? 在做什么? 周围的环境怎样? 以此类推,10 年、20 年、30 年、退休,然后又坐车回来,照上面的问题把每 3、5……30 年在哪里下车,在做什么,等等,把未来写下来。(如图 5 - 1 - 1)

图 5 - 1 - 1　生涯幻游

分享:

(1) 你对旅程中十年后的自己还满意吗?

(2) 如果我按照现有的人生轨迹发展下去,十年后,我能够变成旅程中的自己吗?

(3) 我应该如何做,才能让十年后的自己变成自己所期望的那样?

活动 2:生涯工作坊(见活动卡片 3)

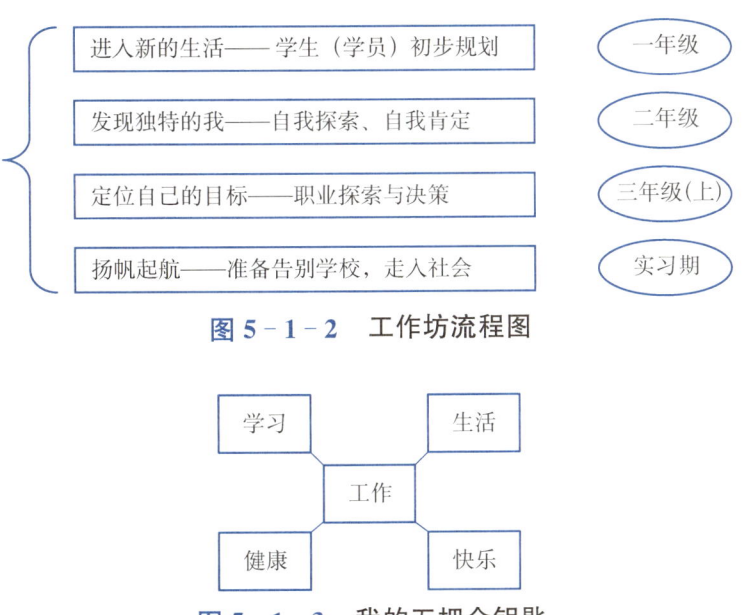

图 5 - 1 - 2　工作坊流程图

图 5 - 1 - 3　我的五把金钥匙

4. 总结提升

通过活动,能够让学生(学员)更好地了解自己的职业倾向,从而在专业选择和择业过程中能够进行有意识的选择,尝试初步建立职业生涯规划,在工作中扬长避短,最终在未来的职业生涯中获得最大的成功。

活动结束后,全体合唱歌曲《明天会更好》。

四、积极体验之思

（一）导引者的话

通过本次活动课,帮助学生(学员)了解自己的生活目标、职业价值观、兴趣,了解职业及职业环境,初步具有职业规划的意识,实现人职匹配,提高学生(学员)的就业竞争力和职业发展能力。但是,少数学生(学员)还不能理解职业生涯规划中的生涯管理意义,还需要向学生(学员)详细解释生涯目标及生涯发展的重要性。

（二）体验者的话

学生：我喜欢"生涯幻游",让我对自己的未来有了思考的意识,原来我从未想过自己想要的是什么样的人生,不知道自己能干什么;不知道自己想干什么;不知道自己适合干什么。认为毕业时再思考也来得及。今天的活动让我明白了,早规划、早受益、早成功,这也是对自己人生负责任的表现。

学员：我喜欢"我的五把金钥匙",它让我重新思考我的未来。原来我觉得要找个高薪及环境舒适的工作,觉得其他的都不重要。做了这个活动之后,我知道自己的目标定得太高且不符合实际,真正成功、快乐的职业生涯应该是达到学习、工作、生活、健康、快乐之间的平衡,而不能单纯地追求某一方面。

五、实践与探索

请学生(学员)课后完成《工作世界调查表》。(采访单,详见活动卡片3)

六、活动卡片

活动卡片1：

破冰活动"雨点变奏曲"

导引者指导语中出现"小雨""中雨""大雨"和"暴雨"的字样,学生当听到小雨——双手轻敲;听到中雨——拍打大腿;听到大雨——用力鼓掌;听到暴雨——用力跺脚;暴风雨——跺脚加鼓掌。

"乌云密布,一道闪电划过,雷声开始轰隆了,又一道闪电,又一阵雷声,小雨噼噼啪啪地下来了,行人慌忙躲避;很快地,小雨变成了中雨,中雨变成了大雨,大雨变成了暴雨……又是一阵雷声,暴风雨来啦！又是一阵雷声,大雨倾盆,雨渐渐地变小了,大雨变成中雨,中雨变成小雨……一阵又一阵雷声,小雨突然变了大雨,大雨变成了暴雨,暴雨转为了中雨,中雨变成了小雨。雷声又响起了,暴雨又降临了！让暴风雨来得更猛烈些吧！"

活动卡片2：

活动"生涯幻游"

请同学(学员)们尽可能放松。在位置上找到一种自己觉得最舒服的姿势,趴着、靠着、躺着。闭上眼睛,伴着轻音乐和适当的指导语幻想自己经由时空旅行来到10年后的世界,想象自己10年后的生活和工作,让学生(学员)在冥想中幻游人生,希望于此折射出学生(学员)的兴趣、性格以及职业选择的价值观。在这时候可能会出现一些特殊情况,旅游回来后,让学生(学员)用画笔或文字把刚才的旅途心境与感受描绘出来。

提醒学生(学员)不要说话,以免破坏情绪。

调整下呼吸：呼气—吸气—呼气—吸气。

我们保持好这样平稳的呼吸,放松身体的每一个部分的肌肉。

我觉得放松,放松,很放松,非常地放松。

天渐渐亮了,我惬意地睁开惺忪的双眼,扭头看了看睡在身旁的美丽的妻子,那么安详、舒适。我亲了亲妻子的额头,她睡意朦胧地说了声："你开灯吧"。我笑笑,随手拧开了床头灯,一抹温柔的灯光随即倾洒下来,照得满屋温柔。

我轻轻地下床,双脚踩住地板的一刹那,厚厚的、软软的纯毛地毯轻拂我的脚掌,一股暖流充满全身,"生活真美好"跃进我的脑海。

我穿着睡衣,到盥洗室洗漱完毕,来到餐厅。餐厅的桌子上已摆上我爱吃的牛奶、面包片、鸡蛋、小菜。爸爸看我过来,从厨房中端出一碟咸食饼,我知道,这是妈妈特意为我做的早餐,这是我的最爱。不过,我对这种咸食饼有些挑别,必须是妈妈亲手做的,我才最爱吃。餐毕,我换上我的工作装。对镜自照,一个穿着质地上好的休闲装、成熟优雅有品位的成功男士出现在境中,他面带微笑,满脸写着"幸福"。我和父母打了声招呼,推开房门,走了出去。进电梯,按下按钮,从16楼直接下到负一层,开上自己的爱车。那不是宝马、大奔,而是自己喜欢的奥迪A6,我喜欢我的爱车,我喜欢这个品牌,这个品牌就像我对自己事业的要求一样,不以大小作衡量,只以适合为标准,因为我想活在自己的世界里随心所欲地快乐,过轻松舒服的日子,我不愿意我的生活压力过大,竞争过于惨烈。

我开车上路,欣赏着苏醒的城市晨景、享受着车内CD的轻松音乐,一路风景一路歌,不紧不慢,来到我的办公场所。

我的工作地点位于城市的一条主路旁,那是一间不太大的蛋糕房,蛋糕房由三个区域组成,后面是制作车间,前面是销售门面,销售门面的一角摆放着几张小餐桌,它的最大特点是精致,有需求的"上帝"(我的顾客)可以在这里饮咖啡、吃糕点、会朋友、谈恋爱。与小餐桌相邻有一间封闭式房间,那是我的办公室兼休息室,每天下午我在这里接待客户、签订合同,了解蛋糕房的营运状况,还可以和我要好的朋友谈天说地,品茶开心。

一到蛋糕房,就看到一群年轻的身影,穿着统一的橘黄色工作服,那是我的员工,更是我的朋友,因为我视我的员工为我的朋友。他们见到我,微笑着说"刘哥好",这是我让他们称呼的,我喜欢这样的称呼,他们也已习惯用"刘哥"代替"刘老板"。和他们打过招呼后,我来到我的办公室换上工作服,然后到制作间和师傅们一起制作糕点,这是我每天上午的必修课。因为我喜欢这种制作,我把它视为艺术创作,这让我的绘画才能得到了充分的施展。

中午,和员工们一起共进午餐后,来到我的办公室。我的办公室安静极了,和外面的喧闹世界形成鲜明对比,这里隔音效果真是好。下午我约了三个朋友,在这里聊天叙谈,放松生活。该下班了,我和员工们互相问好,挥手道别。开上自己的爱车,一路欢歌。

15分钟后,我回到了居住的小区,然后到车库、上电梯、打开家门。爸爸正在电视旁喝茶,妈妈和我的妻子正在厨房,听到我开门,他们同时过来迎接我,和我想象的别无两样。吃完晚饭,我和妻子陪父母一同出去散步,边走边谈一天的收获,妻子说今天讲了两节课,其他时间就在家里,读了几十页书,书名叫《你的降落伞是什么颜色》,感觉挺有收获。妻子是园丁,老师的职业是妻子的最爱,也是我十分欣赏、敬重的职业,所以我爱妻子,连同她的事业。

散完步回家,洗漱、陪父母一起看电视。大约10点半,我和妻子一同回卧室、熄灯、休息、准备迎接新的一天。

现在,你回到教室里了。请注意,不要睁开眼睛。请你慢慢感觉回到教室里,摸摸前面有什么,动动脚,是否真的感受回到教室了?

现在,请睁开眼睛,看看周围的一切,欢迎旅游归来。

活动卡片3:
采访单《工作世界调查表》

我理想的职业:1. _____ 2. _____ 3. _____

请从中选择一个最希望了解的职业:

1. 职业名称_____。

2. 它与文字、数字、人际或事物哪一个关系较密切?

3. 主要的工作内容是_____。

4. 主要的场所是室内还是室外？

5. 工作的时间是固定还是自行调配？

6. 起薪标准和计薪方式？（计时？计件？月薪？年薪？）

7. 从业者所需要的教育背景包括哪些？

8. 从业者所需要具备的能力或特殊能力包括哪些？

9. 从业者所需的人格特质是＿＿＿＿＿＿＿。

10. 从业者是否需要专业资格（或执照）？

11. 从业者的升迁和发展机会怎样？

12. 从业者的就业市场如何？

13. 从业者可能的压力来源是＿＿＿＿＿＿＿。

方式：采取现场访谈笔录或录音（需征得被访谈者同意）。

用途：整理访谈资料，下次团体中每人3分钟报告。

七、主要参考文献和网络资料

[1] http://group.datihu.com/hutong/article_1655_1547_1.html.

[2] http://www.cnki.com.cn/Article/CJFDTotal-KJWZ201201028.htm.

活动体验2　机会属于有准备的人

张　毅

一、活动来源

调查发现幼师毕业班85％的学生最关心的问题是"毕业后，是否能找到满意的工作"。以这个问题为契机，结合学生中存在的学习积极性不高、学习目的性不强、岗位能力不强、技能不精等问题，开展本次心理健康教育活动课。

二、主题

机会属于有准备的人

三、方案设计

（一）活动目标

1. 通过活动使学生明确学习动机。

2. 帮助学生懂得自觉、主动地去学习。

（二）活动准备

1. 学生表演。

2. 设计"招聘"问题。

（三）活动过程

1. 破冰活动

"乌鸦与乌龟"（见活动卡片 1）。

2. 活动约定

参与者之间应真诚、友善相待。

3. 体验活动

活动 1：独角戏《小美的烦恼》（见活动卡片 2）

最近，我们的小美遇见一件令她既兴奋又苦恼的事，她不知道该怎么办。请看小品《小美的烦恼》。

我们可以帮帮小美吗？

可以从仪容仪表方面、心态调节方面、对招聘方的了解方面、薪酬待遇方面、一分钟自我介绍方面、才艺展示方面、专业知识和素养方面、人际交往方面等帮助小美。

面试准备注意事项（见活动卡片 3）。

活动 2：感受面试——面试情景设计（见活动卡片 4）

4. 活动分享

请同学们谈谈模拟面试后的感受。教师加以引导，使同学们发现自己的长处和不足，进而帮助同学们端正学习动机，树立就业信心，激发学习热情。让同学们明白，"机会属于有准备的人"，只要同学们努力学习，就一定会得到社会的认可，找到满意的工作。

5. 总结提升

今天的活动，让大家了解一些找工作中可能遇到的问题。找工作，说难也难，说不难也不难。关键是看你有没有做好准备。人们常说：机会属于有准备的人。要想顺利地找到一份满意的工作，我们就应该平时加强学习，努力提高自己的专业素养。同时，还要调整好自己的心态，为融入这个充满着各种各样的竞争和协作的世界做好准备。我们不仅要学会面对成功，还要学会面对失败。在已经过去的日子里，也许你这门课或那门课没有学好，希望你不要灰心，更不要放弃。古人云"亡羊补牢，未为晚也"，我们应该明白这个道理，只要我们从现在起开始努力地学习，不断丰富自己，那么我们仍然还有机会获得成功。我希望同学们能记住，无论你经历了多少次失败，只要你能始终保持一颗进取向上的心，那么你就不必害怕，因为成功已经离你不远了！

四、积极体验之思

（一）导引者的话

通过这次活动，学生普遍反映深刻体会了就业面试过程中的紧张感，从一个侧面也反映了学生对知识的综合理解应用能力还有所欠缺，技能不强等，学生们都认识到以目前的知识水平和专业技能还难以在社会立足，因此都表示要加强学习。这说明，这堂课的教学目的基本达到了。

（二）体验者的话

学生 A：通过今天的活动我认识到自己在学习中还有很多的欠缺，我要努力学习，增强自己就业的实力。

学生 B：我觉得自己在专业课上有欠缺，专业实力不强。

学生 C：文化基础是自己未来发展的基础，我在这些方面还要进一步地加强，为自己的后续发展奠定坚实的基础。

五、实践与探索

活动后，要求学生坚持每天想一想，今天付出了什么努力？有什么收获？有什么不足？通过反思，增强学生学习的内生动力，帮助学生学会规划自己的职业。

六、活动卡片

活动卡片 1：

破冰活动"乌鸦与乌龟"

让学生(学员)围成一个大圆圈,每个学生(学员)之间的间隔约为一个臂长。每个人的右手掌张开,掌心向下;左手食指向上,指尖接触左边同学的掌心。教师会讲一个故事,在听故事的过程当中,学生听到"乌鸦"和"乌龟"这两个词时,要迅速抓右侧人的食指,同时避免自己的左手食指被别人抓到。活动过程中,学生(学员)仅可以变换手部的姿势,不能移动手臂来探抓或躲避。每个人在手部姿势变化后要迅速复原。学生(学员)听到其他的词时,手不能动。

活动卡片 2：

独角戏《小美的烦恼》

学生表演:小美是幼儿师范学校即将毕业的学生,正在面临找工作的难题。最近,她参加了一场人才招聘会,获得一个幼儿园面试的机会,但小美从来没有参加过面试。小美呆呆地看着面试通知书,自言自语地说:"谁能告诉我,我该做些什么准备呢?"

活动卡片 3：

面试准备注意事项

1. 搜集有关招聘单位、申请职位及该行业的基本资料。

2. 适当地打扮,并尽量符合申请职位的衣着标准。

3. 准备额外的履历副本、笔记簿和笔,以备不时之需。

4. 必须弄清楚面试的确切时间和地点,并提早 10 分钟到达面试地点。

5. 礼貌对待招聘单位的每一个人,因为其他人对你的评价,也可能会影响面试人员对你的评价。

6. 因为你应聘的是教师,所以尽量说普通话。

7. 应该以自然大方和诚实的态度回答所有问题。为自己的成就、技能及处世方式和态度感到骄傲,但不应过分自满,并应准备好提出实际的例子。

8. 显示你平易近人的性格,应该配合面试人员的程序,不要试图控制面试的进程。但是,当面试人员没有准备好面试的程序时,你应该尽量在回答中提及你的特长、技能及做事的方式和作风。

9. 应该把握机会提出问题,表现出你曾认真考虑招聘职位的工作。这也是查探招聘单位实际需要和情况的好机会。

10. 你应该在面试后表示感谢。

活动卡片 4：

面试情景设计

1. 活动方式:将全体同学分成 8 组,每组 6—8 人。每一组中,设"考官"1 人,其余同学扮演考生,分别进行模拟招聘面试。

2. 活动目的:通过模拟面试,使同学们能够对面试过程有一定的了解,并从中发现自己的不足和长处,从而缓解同学们的就业焦虑,帮助同学们端正学习动机,激发同学们的学习热情。

3. 模拟面试过程:A. 考官要求考生做一分钟的自我介绍;B. 考官提问,考生作答。(问题可以从活动卡片 2 中选取,也可以自行设置。)

"模拟面试题"

1. 你为什么来应聘?

2. 你对要应聘的职位有何看法?

3. 你觉得自己在哪些方面比较适合要应聘的职位?

4. 你认为你有什么优点或者优势?

5. 你希望获得什么样的薪酬?

6. 你是否能适应临时加班?

7. 你获得了哪些资格证书?

8. 你的普通话如何?

9. 你会用电脑吗?

10. 你的英语水平如何?

11. 你认为一个幼儿教师最重要的品质是什么?

12. 你认为一个幼儿教师应该具备什么素质?

13. 你怎样看待你学过的理论知识,比如《教育学》或《心理学》?

14. 你一定学过一些基础理论课,比如《教育学》或《心理学》,你觉得这些课对你今后的工作会有什么帮助?

15. 你在学校学了什么科目? 你最喜欢和最不喜欢的专业科目是什么?

16. 如果你是老师,你发现一个孩子似乎生病了,你怎么办?

17. 如果你是老师,你发现班上有四五个孩子拉肚子了,你会怎么办?

18. 如果园长在会上点名批评你,但你认为你没有错,你会怎么办?

19. 如果已经过了放学的时间,但是还有一个孩子的家长没来接孩子,你怎么办?

20. 在工作中,一个孩子不小心摔伤了。尽管当时你并不当班,但家长还是误解了你,要求你负责。你怎么办?

21. 你如何看待那些老一辈的幼儿教师?

22. 参加这次面试的有 3 个人,但只有你没有工作经验,你能给我一个选择你的理由吗?

23. 你有什么特长?

24. 你的钢琴弹得如何,可以独立地带领小朋友们上音乐课吗?

25. 你最喜欢的儿歌是什么? 能表演一下吗?

26. 你的美术怎么样? 能迅速地展示一下吗?

27. 如果你是老师,你的班上来了一名新同学,可是他总是哭,不愿上幼儿园,你怎么办?

28. 如果你是老师,你新接了一个小班。可是大多数孩子你都不认识、不了解,你会采取什么措施来尽快地解决这个问题?

29. 你认为,幼儿游戏课中应该注意哪些问题?

30. 你对幼儿多学科综合教育有什么看法?

31. 你认为,孩子们喜欢什么样的老师?

32. 你喜欢什么样的孩子?

33. 据调查,儿童意外伤害中,烧烫伤占 36%,你知道处理烧烫伤的应急措施吗?

34. 根据"小熊、自行车、奥运会"这三个词编故事。

七、主要参考文献和网络资料

[1] 吴增强,沈之菲.高中生心理辅导指南[M].上海:上海科技教育出版社,2007.

第六篇

良好关系的建立

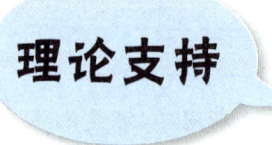

理论支持

一 前言

对于任何一个人来说,良好的人际关系都是其心理正常发展、身体健康和生活幸福感的必要前提。我们每一个人在生活中都要处理亲子关系、师生关系、同伴关系、同事关系等人际关系。如果处理不当,会给我们的生活造成很大的困扰。

二 本章理论导读

(一)理论研究背景

联合国世界卫生组织对健康下的定义是:"健康,不仅没有身体疾病,还要有完整的生理、心理状态和社会适应能力。"心理健康是一个健康的人不可或缺的重要部分,过去人们对心理健康问题没有足够的重视,对学生或教师中产生孤独感、自卑感或喜欢过孤独的生活等问题,往往不会从心理健康的角度去认识问题。一个心理健康的人往往是一个人际关系处理得当的人,既愿意表达自己的喜怒哀乐,又能坦然接受别人的言谈举止,容易与周围的同学、同事保持一种和谐的关系,而离群索居、喜欢孤独、远离同伴、不愿交往的人往往是一个心理不太健康的人。从这个意义上讲,交往是人类维持心理健康的重要保证。人是社会的人,是有感情的动物,人的情绪体验往往会决定人的心理状态,而情绪的困扰又大多表现在人际关系上。人有相互交往的需要,当一个人有了群体归属感才会有安全感,才会消除孤独感,形成愉悦的情绪体验。青年学生和年轻幼儿教师均处于自我与社会性发展的重要时期,这种群体感的获得显得尤为重要。而群体感的获得需要通过建立良好的人际关系,达到相互了解、理解和认同。因此,健康的心理需要建立良好的人际关系。

良好人际关系的建立和发展,从交往由浅入深的角度来看,需要经过定向、情感探索、感情交流和稳定交往四个阶段。

1. 定向阶段

定向阶段包含着对交往对象的注意、选择和初步沟通等多方面的心理活动。人有交往需求时第一步就是去注意周围的所有人。注意的选择是自发的、非理性的,我们究竟决定选择谁作为交往对象,并与其保持良好的人际关系,往往要经过直觉的选择过程。只有那些在我们的价值观念上具有重要意义的人,我们才会选择作为交往和建立人际关系的对象。初步沟通的谈话只会涉及自己最表面的方面。初步沟通的目的,也是让双方获得一个最初步的了解,以便使自己知道是否可以与对方有进一步的交往。人际关系的定向阶段,其时间跨度随不同的情况而不同。相见恨晚的人,定向阶段会在第一次见面时很快就完成。而对于可能有经常的接触机会,彼此又都有较强的自我防卫倾向的人,这一阶段要经过长时间的沟通才能完成。

2. 情感探索阶段

这一阶段的目的,是彼此探索双方在哪些方面可以建立真实的情感联系,而不是仅仅停留在一般的正式交往模式上。在这个阶段,随着双方共同情感领域的发现,双方的沟通也会越来越广泛,自我暴露的深度与广度也逐渐增加。但在这一阶段,人们会避免触及别人私密性的领域,自我暴露也不涉及自己根本的方面。

3. 感情交流阶段

人际关系发展到感情交流阶段,双方关系的性质开始出现实质性变化。此时双方在人际关系上的信任感、安全感已得到确定,因而谈话也开始广泛涉及自我的许多方面。并有较深的情感卷入,如果关系在这一阶段破裂,将会给双方带来相当大的心理压力。在这一阶段,对对方的防御已趋于消失。

4. 稳定交往阶段

在这一阶段,人们心理上的相容性会进一步增加,自我暴露也更为广泛和深刻。此时,人们已经可以允许对方进入自己高度私密性的个人领域,分享自己的生活空间和财产。但在实际生活中,很少有人达到这一情感层次的友谊关系。

(二)人际交往的具体内容

1. 亲子关系

亲子关系,就是父母与孩子的关系。作为人际关系的一种,亲子关系具有特殊性。这是因为亲子关系最为久远、普通和稳定。血缘的亲子关系是不能随意选择和改变的,是永久的;亲子关系的双方在生活上直接联系,经济上共同,情感上极为亲密。亲子关系是青少年人格形成过程中极其重要的构成因素,对青少年有着深远的影响。

2. 师生关系

师生关系,是教师和学生在教育、教学过程中结成的相互关系,包括彼此所处的地位、作用和相互对待的态度等。师生关系既受教育活动规律的制约,又是一定历史阶段社会关系的反映。良好的师生关系,是提高学校教育质量的保证,也是社会精神文明的重要方面。新型师生关系应该是教师和学生在人格上是平等的、在交互活动中是民主的、在相处的氛围上是和谐的。

3. 同伴关系

同伴关系主要是指同龄人或心理发展水平相当的个体在交往过程中建立和发展起来的一种人际

关系。在同伴关系中,青少年可以学习很多适应社会所必需的知识和技能。同伴团体常常是青少年的主要参照群体,对他们的价值观、态度、志向、抱负和行为都有直接影响,对其个性形成和发展都有重要作用。

4. 同事关系

同事关系主要指在工作过程中,形成的个体与个体之间因工作而建立和发展起来的人际关系。在同事关系中,因幼儿教师在一天工作时间中均与同事在一起,其在教育理念、教育方法和为人处世等方面受同事的影响作用很大,因此如果幼儿教师的人生态度、价值取向、工作态度、恋爱婚姻观是积极的、正确的、科学的,对同事影响就是正面的,而这种积极的同事关系还会不自觉地渗透到对幼儿的影响中去。

(三) 如何提升良好的人际关系

1. 拥有良好的做人原则

(1) 正直原则

主要是指正确、健康的人际交往能力,营造互帮互学、团结友爱、和睦相处的人际关系氛围。决不能搞拉帮结派,酒肉朋友,无原则、不健康的人际交往。

(2) 平等原则

主要是指交往的双方人格上的平等,包括尊重他人和保持他人自我尊严两个方面。彼此尊重是友谊的基础,是两心相通的桥梁。交往必须平等,平等才能深交,这是人际交往成功的前提。

(3) 诚信原则

指在人际交往中,以诚相待、信守诺言。在与人交往时,一方面要真诚待人,既不当面奉承人,也不在背后诽谤人,要做到肝胆相照,襟怀坦荡。另一方面,言必行,行必果,承诺事情要尽量做到,这样才能赢得别人的拥戴,彼此建立深厚的友谊。

(4) 宽容原则

在与人相处时,应当严于律己,宽容待人,接受对方的差异。俗话说,"金无足赤,人无完人"。交往中,对别人要有宽容之心,如"眼睛里容不得一粒沙子"般斤斤计较,苛刻待人,或得理不让人,最终将会成为孤家寡人。另外,要有宽容之心,还须以诚换诚,以情换情,以心换心,善于站在对方的角度去理解对方,才会柳暗花明,豁然开朗。

(5) 换位原则

在交往中,要善于从对方的角度认识对方的思想观念和处事方式,设身处地地体会对方的情感和发现对方处理问题的独特个性方式等,从而真正理解对方,找到最恰当的沟通和解决问题的方法。

(6) 互补互助原则

这个原则是人际关系处理的一种心理需要,也是人际交往的一项基本原则。幼师生在经济生活上还没有独立,依然处在以学为主的学生时代,因此互补性原则主要体现在精神领域。包括气质、性格、个性特征的内容。往往我们会发现不同气质、性格和能力的人能够相处配合得较好,而能力非常强的两个人倒并不一定配合相得很好。"尺有所短,寸有所长",在交往过程中要勇于吸收他人的常处,以弥补自己的不足。

2. 建立良好的集体

集体的形成一般要经历四个阶段:第一阶段是聚合期,一个集体的初期,同学(同事)间缺乏感情联系,保持较大的心理距离;第二阶段是同化期,通过初步接触与集体活动,同学(同事)间不断产生共同体验和共同语言,逐渐形成集体意识,开始有了自发的共同的要求和行为;第三阶段是形成核心期,在进一步交往中,出现了一批受同学(同事)拥护的核心骨干,他们在班集体或者幼儿园里建立了比较稳固的地位,能把同学(同事)们团结起来,自觉管理班集体或园集体;第四阶段是成熟期,集体内核心的形成,促进了集体规范的形成,营造了一种群体心理气氛,同学(同事)间团结,人际关系协调,一个真正的班(园)集体成熟起来,班(园)风是整个集体状况的具体表现。每位成员都有责任通过自身努力和共同协作,为建设良好的队风做贡献,为健康成长营造良好的环境。骨干更应该以身作则,这样更有利于良好人际关系的建立。

3. 锻炼提高与人交往的能力

人际交往与沟通的技巧很多,概括地讲有四种:

(1)善于结交。在人际交往中,结交的过程一般要经历彼此注意、初步接触和亲密接触三个阶段。善于结交是指能够巧妙地引起对方注意,并主动制造机会,自然地与对方进行初步接触,进而保持进一步接触的过程。

(2)善于表达。谈话是沟通信息、获得间接经验的好形式,也是表达感情、增进友谊的重要手段,善于表达,要求表达的内容要清楚明确,表达的方式要恰当、幽默和风趣,使对方感到轻松愉快。

(3)善于倾听。倾听的目的一方面是给对方创作表达的机会,另一方面是自己能更好地了解对方,以便确定是否与对方进一步交往和沟通。学会提高倾听的艺术,首先要静听他人的谈话,不要贸然打断对方的话题,也不要时时插话,影响他人的谈话思路,或弄不清谈话的实质就断然下结论。其次,要鼓励对方讲下去,可以用简单的赞同、复述、评论接话等方法引导他人讲下去。另外,不要做无关的动作,如心不在焉、东张西望、爱听不听、不胜烦恼、不时看表、目光游离不定等动作。这些既影响对方讲话的兴趣,又是一种非常无礼的行为。

(4)善于处理矛盾。在人与人的交往过程中,难免会产生各式各样的矛盾和摩擦,而善于处理问题,就是要求一个人在遇到麻烦的时候能够打破僵局,或者能够做到大事化小,小事化了,保持良好的人际关系,创造深入交往的氛围。

三 阅读资料

 资料 1

天堂与地狱

有句名言是这样说的:"天堂与地狱只有一步之遥!"

一位一生行善无数的基督徒,他临终前有一位天使特地下凡来迎接他上天堂。天使说:"大善人,由于你一生行善,成就很大的功德,因此在你临终前我可以答应你完成一个你最想完成的愿望。"

大善人说:"神圣的天使,谢谢你这么仁慈,我一生当中最大的遗憾就是我信奉主一生,却从未见过天堂与地狱究竟长什么样子。在我死之前,您可不可以带我到这两个地方参观参观?"

天使说:"没问题,因为你即将上天堂,因此我先带你到地狱去吧。"大善人跟随天使来到了地狱,在他们面前出现一张很大的餐桌,桌上摆满了丰盛的佳肴。"地狱的生活看起来不错嘛!没有想象中的悲惨嘛!"大善人很疑惑地问天使。"不着急,你再继续看下去。"过了一会,用餐的时间到了,只见一群骨瘦如柴的恶鬼纷纷入座。每个人手上拿着一双长十几尺的筷子,每个人用尽了各种方法,尝试用他们手中的筷子去夹菜吃,可是由于筷子太长了,最后每个人都吃不到东西。"实在是太悲惨了,怎么可以这样对待这些人呢?给他们食物的诱惑,却又不给他们吃。"

"你真的觉得很悲惨吗?我再带你到天堂看看。"到了天堂,同样的情景,同样的满桌佳肴,每个人同样用一双长十几尺的长筷子。不同的是,围着餐桌吃饭的是一群洋溢欢笑、长得白白胖胖的可爱的人们。他们同样用筷子夹菜,不同的是,他们喂对面的人吃菜,而对方也喂他吃。因此每个人都吃得很愉快。(摘自《常青藤家训全书》,金佳韵编著)

 **资料2**

重视别人

纽约电话公司曾就电话对话做过一项调查,看在现实生活中哪个字使用频率最高。在 500 个电话对话中,"我"这个字使用了大约 3 950 次。这说明,不管你是什么人,不管你实际状况如何,在内心中都是非常重视自己的。

有个业务员曾说过这样一个例子。他的工作是为强生公司拉顾主。顾主中有一家是药品杂货店。每次他到这家店里去的时候,总要先跟柜台的营业员寒暄几句,然后才去见店主。有一天,他到这家商店去,店主突然告诉他今后不用再来了,他的店不想再卖强生公司的产品了。这个业务员只好离开商店,他开着车子在镇子上转了好久,最后决定再回到店里,把情况说清楚。

走进店里的时候,他照常和柜台上的营业员打过招呼,然后再到里面去见店主。店主见到他很高兴,笑着欢迎他回来,并且比平常多订了一倍的货。这个业务员对此十分惊讶,不明白自己离开店后发生了什么事。店主指着柜台上一个卖饮料的男孩说:"在你离开店铺以后,卖饮料的男孩走过来告诉我,说你是到店里来的推销员中,唯一会同他打招呼的人。他告诉我,如果有什么人值得做生意的话,就应该是你。"店主同意这个看法,从此成了这个推销员最好的顾主。这个推销员说:"我永远不会忘记,关心、重视每一个人是我们必须具备的特质。"

关心别人,重视别人必须具备高尚的情操和磊落的胸怀。当你用诚挚的心灵,使对方在情感上感到温暖、愉悦,在精神上得到充实和满足,你就会获得和体验到一种美好、和谐的人际关系,你就会拥有许多的朋友。

(摘自 http://wenku.baidu.com/view/dc6eb5f404a1b0717fd5dd88.html)

活动体验

活动体验 1　　其实我爱你们

董　雯

一、活动来源

"孝"是中华民族的传统美德，"孝"对于良好亲子关系的建立、家庭责任感的培养、和睦家庭的构建、社会的和谐稳定都有着重大的意义。

二、主题

其实我爱你们

三、方案设计

（一）活动目标

1. 通过活动使学生感受与家长之间的亲情。

2. 帮助学生增强对家长的理解，促进家庭的和谐。

3. 培养学生"孝"的美德和"感恩"的心。

（二）活动准备

1. 学生节目准备

在家中不尊重长辈的片段小品展示。

2. 秘密录制视频和录音

请五个学生家长配合进行秘密录制，内容为："最想给你说的话!"

（三）活动过程

1. 破冰活动

"联想活动"，播放音乐（优美舒缓），做联想活动，放松心情（见活动卡片 1）。

2. 活动公约

保持安静、尊重别人、认真倾听、融入其中。

3. 体验活动

活动 1："小品展示"（见活动卡片 2）

请同学起来谈谈你看后的感受，你这样做过吗？你认为这样对吗？为什么这样做不对？

我们对待自己的父母都有过这样的经历，但在孔子的观点中曾说道："事父母，几谏，见志不从，又敬不违，劳而不怨。"这是说：子女奉事父母，如果父母有过错，应当微言规劝（也就是语调低缓、和颜悦色地规劝），如果父母不听从，还是应该照常恭敬，不要有违逆的心，等父母心情好的时候，再找机会进行规劝,这样操心是很劳累的,但是也不能因此而对父母产生怨恨。现在,我们常说"孝顺","顺"即是"无违",所以说只有先顺从了父母,行的孝才会让父母感到满意。我们是小辈应该要尊重父母。

活动2:与同学分享你与父母间的亲情——说说你名字的含义

爸爸妈妈从我们出生的那一刻起就深深地爱着我们,他们的爱伴随我们成长、帮助我们度过各种困难,没有他们就没有我们。

活动3:"展示父母的视频与录音"(见活动卡片3)

"最想给你说的话!"(父母想与孩子说的话)

活动4:给父母的内心话

将事先写好的内心话交给你最想给的父亲或母亲。(在场的父母现场给,父母没到场的要求学生带回去或寄回去给父母。)

4. 总结提升

也许一直以来,我们只在乎自己是否快乐,自己是否得到了理解。其实,听听父母的心声才知道其实父母也需要我们的理解,我们应该多和他们沟通,听听他们的想法!

亲爱的同学们,你们在懂与不懂中,在快乐与莽撞中逐渐长大了。花季雨季是一个叛逆的年龄,在这个年龄中我们总是在有意、无意地伤害着我们最亲的人。在这里老师要求你们试着敞开心扉去体谅父母、去关心父母。因为他们是世上为你奉献最多的人、是最可敬的人。看看妈妈两鬓越来越多的白发,看看爸爸越来越弯的脊背……让我们站起来向他们致敬!

全班站立向父母致敬:"您辛苦了!我爱你们!"

四、积极体验之思

(一)导引者的话

在这次班会活动中同学们及到场的家长都深受感动,我也想借此活动课让家长与孩子感受到亲情的重要,让同学们感受父母在我们的成长中的付出与辛劳。整个活动开展较为顺利,气氛感人,但也存在很多问题。比如:应多让学生参与到准备工作中,让学生体会如何去上这样的课,这对学生的自身发展以及对学生工作能力的培养都是有利的。

(二)体验者的话

此次活动让我感受到了爸爸妈妈对我的爱,也让我感到爸爸妈妈渴望与我交流以及一心为我的那份苦心!我感到了在对待他们时自己的任性、不懂事、不理解。我一定会在以后的岁月中好好对待爸爸妈妈,多和他们交流、多关心他们、多陪陪他们。因为我真切地感到了我爱他们!

五、实践与探索

收集关于"孝"的故事,思考为什么"孝"会是中国传统美德,我们应该如何沿袭这样的美德?

在职幼儿教师可借鉴活动内容和方式,对幼儿进行"孝"等中国传统美德的教育。

六、活动卡片

活动卡片1:

破冰活动"联想活动"

播放抒情而舒缓的音乐,放松心情。

画外音:好温暖,想象这是母亲温暖的子宫,你蜷着身体,好安全、好温暖。这时你感觉有一股暖流传遍全身,先从头顶流至肚脐,又从肚脐传到四肢,这时你会感觉脸蛋微热。听!那是父亲轻柔的呼唤,隔着母亲的子宫传入你的耳中,宝贝、宝贝……

活动卡片2:

活动"小品展示"

片段1:对家长的关心表现冷漠

片段2：家长不顺自己的意就对其大呼小叫

片段3：对于家长的询问反感、抵触

活动卡片3：

活动"展示父母的视频与录音"

通过事先请五个学生家长秘密录制的视频与录音的展示，给学生刺激，从而加强学生的亲情感知，增强效果。录音与视频内容为："最想给你说的话！"（父母想与孩子说的话）

七、主要参考文献和网络资料

[1] 孟万金.积极心理健康教育[M].北京：中国轻工业出版社，2008.

[2] 明宏.心理健康辅导基础理论[M].北京：世界图书出版公司北京公司，2007.

活动体验2　健　康　交　友

李文菊

一、活动来源

青年学生和年轻幼儿教师世界观、人生观的形成多源于同伴影响，因此，交友是她们在成长的过程中非常重要的事情。积极地有意识地关注和了解学生（学员）的交友情况，并要有善于发现问题，及时解决问题的能力，指导和帮助学生（学员）健康交友，完善和充实自己的生活，为未来发展打下良好人际交往的基础。

二、主题

健康交友

三、方案设计

（一）活动目标

1. 通过活动使学生（学员）明确交朋友的原则和态度，懂得朋友交往的方法。

2. 培养学生（学员）处理良好人际关系的能力。

（二）活动准备

交友情况调查（了解学生交友过程中存在的问题）。

（三）活动过程

1. 破冰活动

"温暖的表情"（见活动卡片1）。

2. 活动公约

（1）积极参与，真心诚意。

（2）团结协作、齐心协力。

3. 体验活动

活动1：分享"温暖的表情"带来的感受

（1）活动中带给你最大的收获是什么？

（2）你对朋友的认识有哪些方面是以前没有关注到的？

（3）你的朋友在哪些方面对你影响最大？

（4）你想对你最好的朋友说什么？

活动2：《人际关系催化剂——五人十条腿》（见活动卡片2，如图6-2-1）

图6-2-1　五人十条腿

4. 活动分享

（1）为什么朋友是成长路上的良师益友？

（2）与朋友在一起能让自己学会正确评价、重新审视自己吗？

（3）成长的路上如何珍惜朋友？

5. 总结提升

朋友是成功道路上的一位良师，将你引向阳光的地带，朋友是失败苦闷中的一盏明灯，默默地为你驱赶心灵的阴霾。没有朋友的寂寞，是真正的寂寞，有了朋友，人生旅途就有了一缕暖意，一抹温馨，一片绿荫。然而，朋友之间最重要的是相互忠诚和信任，来不得半点猜疑。无端的猜疑是对友谊的伤害，是友谊的大敌，是交友的大忌。如果我们抱着功利主义的目的，为了某种个人的实际目的而去结交朋友，试想这种关系能持久吗？人各有所长，又有所短，我们在交往中要学会学人所长，补己之短。

四、积极体验之思

（一）导引者的话

青年人青春年少、思维活跃，敢想、敢说、爱憎分明、有理想、懂创新。在自己的交友过程中，学会珍惜、学会尊重、学会宽容、学会感激、学会关爱，带着真诚与热情共同牵手，让我们在成长的路上走得更快、跑得更远。

（二）体验者的话

学生（学员）A：听到对自己的赞美，看到了同伴间最真挚、美好的情感，真好！

学生（学员）B：在交友中我们应做到相互帮助、以诚相待，学人之长、补己之短，相互信任、相互包容。

学生（学员）C：当我们相互拥抱时，我感到朋友的信任、支持还有一种大爱。

五、实践与探索

延伸活动——送你一朵赞美花

让学生（学员）为自己的同桌或好朋友写下真心、真诚的，符合客观事实的赞美对方的话。进一步增强同学（学员）间的了解、理解和友谊，提高健康交友的能力，促进良好的人际关系，为学生（学员）的后续发展打好基础。

六、活动卡片

活动卡片1：

破冰活动"温暖的表情"

10人一小组围成圈，其中1人坐入圈中，圈外的人轮流说出圈中人值得欣赏之处，直至每人都被轮到，要求夸人者与被夸者以相互拥抱结束。

活动卡片2：

活动"人际关系催化剂——五人十条腿"

1. 5人一组并排站立，从第1个人开始用布条把第1个人的左腿与第2个人的右腿绑在一起，第2个人的右腿又和第3个人的左腿绑在一起……

2. 教师发出口令：走（5人一组并排站立在划定的起点处）

3. 5名学生（学员）同时迈开腿向前

4. 走到划定的终点，调转返回方向，走到起点为胜

七、主要参考文献和网络资料

[1] 廖冉.90后大学生积极心理健康教程[M].北京：中国财富出版社，2012.

活动体验3　　相亲相爱的一家人

龙凌云

一、活动来源

刚组建集体的学生（学员）都来自五湖四海。大多数学生（学员）在新集体中觉得没有归属感和安全感，这对同学（学员）的学习和生活造成了一定影响。要让一个彼此陌生疏远的人群快速建立一个团队，最好的方法就是给这群人一个共同的任务，让他们在完成任务的过程中自发地分工、合作，当她们完成了任务，团队就会建立，并且在合作的过程中学会彼此欣赏，相互鼓励。所以，本活动的设计一是通过学生（学员）之间肢体的接触缩小她们的空间距离，进而拉近学生（学员）之间的心理距离；二是通过给学生（学员）一个共同任务，让她们在完成任务的过程中自然而然地打破隔阂。

二、主题

相亲相爱的一家人

三、方案设计

（一）活动目标

1. 通过活动打破学生（学员）之间的人际隔阂。

2. 培养学生（学员）团队合作精神，提高团队的凝聚力。

（二）活动准备

1. 音乐《相亲相爱的一家人》。

2. 大的白纸、水彩笔、不同颜色的卡片。

3. 教学课件。

（三）活动过程

1. 破冰活动

"火星人来了"（见活动卡片1）。

2. 活动公约

（1）活动过程中请同学们保持安静，尊重别人。

（2）请同学仔细倾听，并融入其中。

（3）活动结束后，请同学及时保洁并将凳子抬回原处。

3. 体验活动

活动 1：对"火星人来了"讨论与分享

（1）为什么人越多的时候就越不容易抓到人？

（2）彼此之间拉着手去完成共同任务时的感觉是什么？

活动 2："相亲相爱的一家人"（伴以歌曲《相亲相爱的一家人》的音乐，见活动卡片 2）

（1）在这个活动中最让你印象深刻的是什么事情？

（2）你认为是谁在这个过程中起了最大的作用？

（3）整个过程中你有哪些感受？

4. 活动分享

每个小组展示成果。（如图 6－3－1）

图 6－3－1　成果展示

5. 总结提升

班级就是一个大家庭，只要我们每个同学（学员）热爱这个家，相互关心，相互帮助，共同朝着一个目标奋斗，我们的家会更美！

四、积极体验之思

（一）导引者的话

心理学家研究发现，绝大多数青少年的心理危机，都是与缺乏正常人际交往和良好人际关系相联系的。在学校里,同学(学员)之间的关系,往往决定了学生(学员)是否对学校生活和工作感到满意。希望以此次活动为契机,拉近同学(学员)们彼此之间的距离,消除彼此之间的隔阂,提高集体凝聚力。

（二）体验者的话

学生 A：很喜欢这种体验式的上课方式,能让我在玩的过程中不知不觉体会到很多道理,并且印象深刻。希望这样的上课方式能持续下去！

学员 A：我感受到了集体的温暖,感受到了来自同伴的温暖,体验到了合作的快乐！

五、实践与探索

以小组为单位,每位同学(学员)找出其他成员身上的优点,并为其制作精美赞扬卡,送给其他成员。

六、活动卡片

活动卡片 1：

破冰活动"火星人来了"

"现在,地球上来了两个火星人,他们说的是奇怪的火星语。他们来到地球上,手里拿着非常厉害的秘密武器:超级火星棒。凡是被这个火星棒碰到的人都会有触电的感觉,然后,被俘虏变成他们中的一员。"

两名志愿者扮演火星人,手里各拿着一根火星棒。"火星人"的手必须牵在一起,任何时候都不能分开。他们拿着火星棒可以碰其他的任何一个同学,在这个过程中,"火星人"要说着火星语"噼里啪啦,噼里啪啦",当碰到地球人的时候,火星人要说"碰",而被火星棒碰到的地球人要做出被电击的样子,然后加入到火星人的中间,与他们手拉手,一起去抓其他的学生,直到把所有的学生都抓住(视时间而定)。(地球人不能跑出指定区域,注意安全。)

活动卡片 2：

活动"相亲相爱的一家人"

欢迎大家来到火星,在"火星人来了"的活动中,你们分别与你们的家人失散了,怎样找到你的家人呢？通过身份证,在活动开始前,每个同学都拿到了一张卡片,当你找到和你一样拿着相同颜色卡片的同学,你就找到了你的家人。每个同学是否都找到了你的家人？下面我们就要一起共建我们美好的家园。

任务如下：

A. 每个家选出一个家长,一个计时员,一个控音员。

B. 每个家给自己起一个名字,并解释有什么寓意,在大白纸上把它写下来。

C. 每个家设计自己的标识,例如口号、招牌动作、歌曲等等。

D. 15 分钟内完成任务,每个小组在 2 分钟之内将成果展现给大家。展示内容有:家的名字、做出自己的招牌动作、喊出家的口号。

七、主要参考文献和网络资料

[1] 明宏. 心理健康辅导团体训练[M]. 北京:世界图书出版公司北京公司,2007.

活动体验4　　我　爱　我　家

黄雅卓

一、活动来源

　　良好的人际交往是人健康成长的基本条件之一。从心理健康的角度来看,人际关系包括三种成分:认知成分、情感成分和行为成分。认知成分即个体对人际关系状况的了解,这是人际交往的理性条件;情感成分是交往双方在情感上满意的程度和亲疏关系,这是人际关系的基础;行为成分是交往双方实际交往的外在表现和结果。人际关系的好坏对青少年心理健康有重要影响,他们处理人际关系的能力直接体现了其心理健康水平。

二、主题

　　我爱我家

三、方案设计

　　(一) 活动目标

　　1. 通过活动使学生(学员)具有合作意识、集体意识。

　　2. 帮助学生(学员)学会如何交往,为今后能更好地与他人的沟通合作做铺垫。

　　(二) 活动准备

　　1. 成立主持团(5位同学和教师)。

　　2. 5位学生(学员)先进行心理健康辅导基础理论的学习。

　　3. 将全体同学(学员)分成6个组,每组8—9人(注意事项:将私交很好的同学或学员分散)。

　　4. 每个组选出组长,由组长负责本组的人员调配。以组为单位设计组名、组标、组号。

　　5. 要求每位同学(学员)穿着运动装。

　　(三) 活动过程

　　1. 破冰活动

　　"捶捶捶"(见活动卡片1)。

　　2. 活动公约

　　(1) 全组同学(学员)积极参与,全身心投入。

　　(2) 学会倾听、分享体验、听从指挥。

　　(3) 活动过程中,手机要设置成关闭状态。

　　3. 体验活动

　　活动1:"抱抱坐"(见活动卡片2,如图6-4-1)

　　(1) 1分钟快吗?

　　(2) 怎样才能坚持到最后?

　　(3) 坚持到最后的同学(学员),你有什么感受?

　　(4) 整个过程中你有什么感受?

图 6 – 4 – 1　抱抱坐

活动2："背靠背"(见活动卡片3,如图 6 – 4 – 2)

(1) 两个人背靠背坐在地上怎样才能站起来?

(2) 共同完成任务时的感觉是什么?

图 6 – 4 – 2　背靠背

4. 活动分享

平时觉得1分钟很快,可当我们抱抱坐在一起时,却感觉1分钟很漫长。

我们组有一位"重量级"同学,所以我们组做起来要比其他组困难,但是,我们还是坚持下来了。

(一片掌声)

我们组在坐之前先思考了一个问题——怎么排座位。

……

我觉得背靠背站起来要有方法,需要两个同学(学员)一起使力,借助别人的力量就可以站起来。

我觉得每一个人都是很渺小的,每一个人的力量也是有限的。

我觉得,要成功,需要大家的努力,合作是必须的。

……

5. 总结提升

就像同学(学员)说的,人都是很渺小的,在我们所处的社会中,我们需要合作,我们需要团结,我们需要坚持,相信这次活动带给同学(学员)们很多的收获,我也相信,通过这次活动,我们会更爱我们的集体,我们的集体会更好、更团结。

四、积极体验之思

（一）引导者的话

每个人都有与他人友好交往的愿望,并通过交往建立起良好的人际关系。通过团队训练,能帮助学生认识自我和他人,了解和学习人际交往的原则、理念及方法,体验人际关系的感受,发展较为完善的人际交往技能,解决自身在人际交往中存在的困难和问题,有效地建立起良好稳定的人际关系。

每位同学(学员)都希望自己的组是最棒的,能坚持到最后。于是,在活动 1 中,组长要将组员的位子进行排序,使得整个圈的重量能够得到较均匀的分配。在这环节中体现了组长的调配和组员的服从,要坚持到规定的时间需要组内成员的配合,这就是我们所需要的合作精神。每位同学(学员)都要抱着另外一位同学(学员),因此,每个人都能感受到抱着的辛苦,学会换位思考,即我想轻松些我就要先让别人感到轻松。活动 2 中,两个人背靠背的坐在地上,要想站起来就要依靠对方的力量,只凭一己之力是很难将两个人一起拖起来的。除此之外,还要学会思考,学会从失败中总结。

（二）体验者的话

这两个活动都是培养我们的合作精神、集体观念,让我们学会换位思考,学会从失败中总结经验。我们觉得这两个活动很好玩,我们很愿意参与进来。

五、实践与探索

可去探索职场中的竞争与合作。

六、活动卡片

活动卡片 1：

破冰活动"捶捶捶"

以组为单位,每一个同学(学员)面对前面一位同学的背面呈顺时针或逆时针方向围成圆圈,给前面的同学(学员)捏捏肩捶捶背,两分钟后,整组同学(学员)向后转,再给前面的同学(学员)捏捏肩捶捶背。(约 5 分钟)

活动卡片 2：

活动"抱抱坐"

每组同学(学员)围成圆圈,每一个同学(学员)均坐在后面一位同学(学员)的双腿上。第一次时间为 1 分钟,全体同学(学员)围坐一起分享体验;第二次时间为 3 分钟,围坐一起分享体验。(约 10 分钟)

活动卡片 3：

活动"背靠背"

以组为单位背靠背从坐着的地面上起来(先从两个人开始,掌握方法后再增加人数),在规定时间内看看哪组参与的人最多。如果在规定时间内,全组同学(学员)都参与进来并且活动成功,可以和其他组的同学(学员)继续挑战参与的人数。

七、主要参考文献和网络资料

［1］孟万金.积极心理健康教育［M］.北京:中国轻工业出版社,2008.

［2］苗元江,余嘉元.积极心理学:理念与行动［J］.南京师大学报(社会科学版),2003,(02).

［3］张澜,王洪飞.积极心理学下的心理健康教育与实践［J］.理论观察,2006,(04).

［4］李丽.开展积极心理健康教育的方法探析［J］.安徽电子信息职业技术学院学报,2008,(05).

［5］何国松.人际关系心理学全集［M］.长春:吉林大学出版社,2010.

第七篇

构建团队合作

理论支持

一 导言

　　一群有能力、有信念的人在特定的团队中,为了一个共同的目标相互支持、合作、奋斗的过程,就是团队合作。在一个组织里,如果你的思想感情、学识修养、道德品质、处世态度、举止风度,做到坦诚而不轻率,谨慎而不拘泥,活泼而不轻浮,豪爽而不粗俗,一定可以和其他同事融洽相处,提高自己团队作战的能力。随着社会的进步和发展,人们越来越意识到团队在组织活动中的作用,而具有团队精神的人则能在组织活动中起着巨大的积极带动作用。

二 本章理论导读

（一）理论研究背景

　　1994年,美国著名的管理学教授,组织行为学家斯蒂芬·P·罗宾斯(Stephen P. Robbins)首次提出了"团队"的概念:为了实现某一目标而由相互协作的个体所组成的正式群体。在随后的十年里,关于"团队合作"的理念风靡全球,现在团队活动的理念已渗透到各种组织建设中,并成为组织建设培训的重要内容。团队合作可以调动团队成员的所有资源和才智,并且会自动地驱除所有不和谐与不公正现象,同时会给予那些诚心、大公无私的奉献者适当的回报。如果团队合作是出于自觉自愿时,它必将会产生一股强大而且持久的力量。

（二）团队合作的表现

1. 成员密切合作，配合默契，共同决策和与他人协商。
2. 决策之前听取相关意见，把手头的任务和别人的意见联系起来。
3. 在变化的环境中担任各种角色。
4. 经常评估团队的有效性和本人在团队中的长处与短处。
5. 对组织忠诚。

（三）如何构建团队合作

1. 建立信任

建立信任是坚实的以人性脆弱为基础的信任。这意味着一个有凝聚力的、高效的团队成员必须学会自如地、迅速地、心平气和地承认自己的错误、弱点、失败。他们还要乐于认可别人的长处，即使这些长处超过了自己。这需要团队成员彼此之间敞开心扉，坦率承认自己的弱点或错误。团队成员之间彼此说出"我办砸了""我错了""我需要帮助""我很抱歉""你在这方面比我强"这样的话，就是以人性脆弱为基础的信任在实际行为中表现出的明显的特征。

高职学生在其成长过程中，由于其学习成绩不佳或受家庭因素的影响，往往缺乏自信心、安全感，自卑感较为严重，存在着既比较重视情谊，又不愿相信别人的双重人格，因此要战胜自我，建立与同伴以人性脆弱为基础的信任，是他们走向其他积极心理的基础，这对于学生来说尤为重要。

新入职或转岗幼儿教师由于新加入幼儿园团队，就其角色意识来讲，并未真正进入幼儿教师角色；就幼儿园的文化和传统来讲，其也未融入进去，个体意识的需要和角色意识、文化传统以及岗位要求等的矛盾，导致新入职或转岗幼儿教师与新单位、新岗位不合拍，因此在幼儿教师培训项目中进行团队合作的培训，有利于新入职或转岗幼儿教师在较短时间内融入新集体，并建立团队合作意识，自觉承担团队任务，担当团队责任，对其成长和进步必定起到积极的作用。

2. 良性的冲突

对于冲突的畏惧是团队合作一个最大的阻碍。团队成员应学会识别虚假的和谐，引导和鼓励适当的、建设性的冲突。否则，一个团队建立的真正承诺就是不可能完成的。

3. 坚定不移地行动

一个具有凝聚力的团队，领导必须学会在没有完善的信息、没有统一的意见时做出决策。而正因为完善的信息和意见的一致非常罕见，决策能力就成为一个团队最为关键的行为之一。

4. 彼此负责

卓越的团队不需要领导提醒团队成员竭尽全力工作，因为他们很清楚需要做什么，他们会彼此提醒注意那些无助于成功的行为和活动。

5. 成员需要遵循的原则

（1）平等友善
（2）善于交流
（3）谦虚谨慎
（4）化解矛盾
（5）接受批评
（6）创造能力

三 阅读资料

 资料1　　　　　　　　　　　　**必然的平衡**

俞敏洪在电影《中国合伙人》的首映式上说:"我们3个人打架打得比这个凶多了。"确实,我先采访的俞敏洪,一旁的摄影师都听得倒吸冷气。采访完我对老范说:"你要这么对我,我就掐死你。"可是,等采访完徐小平和王强,事实没变,对俞敏洪的处境的理解也没变,但是另一些东西却加深了。是什么呢?比如说,俞敏洪说自己在合伙关系中无能为力,想要像弘一法师那样出家时,作为旁听的人当然只有恻然。等问到王强,他哈哈大笑说:"你放心,老俞要出家也是在新东方的家庙,而且会立刻开个和尚班。"俞敏洪认为上市后徐小平和王强可以套现离开,剩下他为资本市场"一个人送命",但徐小平说他离开后做梦哭了,"因为老俞不带我玩了"。在3人的关系中,至今俞敏洪还是随时被指责、被教导的角色,一听到王强最近读什么书就紧张,会赶紧补上,还写读书笔记。但王强说他和徐小平都是"老俞情结——我心中他就是精神领袖"。说到这儿,他手一挥:"他从来也不需要听这句话"。

哪种感觉是真的?可能都是。

很多因素相互摇晃、碰撞、颠倒、反复,最终,生活达成它自己必然的平衡,就像老范说的:"妙不可言"。(摘自《情感读本·生命篇》蔡静2014年第5期)

 资料2　　　　　　　　　　　　**招聘的启示**

一个外企招聘白领职员,吸引了不少人前去应聘。应聘者中有本科生,也有研究生,他们头脑聪明、博学多才,是同龄人中的佼佼者。聪明的董事长知道,这些学生有渊博的知识做后盾,书本上的知识是难不倒他们的,于是,公司人事部就策划了一个别开生面的招聘会。

招聘开始了,董事长让前6名应聘者一起进来,然后发了15元钱,让他们去街上吃饭。并且要求,必须保证每个人都要吃到饭,不能有一个人挨饿。

6个人从公司里出来,来到大街拐角处的一家餐厅。他们上前询问就餐情况,服务员告诉他们,虽然这儿米饭、面条的价格不高,但是每份最低也得3元。他们一合计,照这样的价格,6个人一共需要18元,可是现在手里只有15元,无法保证每人一份。于是,他们垂头丧气地出了餐厅。

回到公司,董事长问明情况后摇了摇头,说:"真的对不起,你们虽然都很有学问,但是都不适合在这个公司工作。"

其中一人不服气地问道:"15元钱怎么能保证6个人全都吃上饭?"

董事长笑了笑说:"我已经去过那家餐厅了,如果5个或5个以上的人去吃饭,餐厅就会免费加送一份。而你们是6个人,如果一起去吃的话,可以得到一份免费的午餐,可是你们每个人只想到自己,从没有想到凝聚起来,成为一个团队。这只能说明一个问题,你们都是以自我为中心、没有一点团队合作精神的人。而缺少团队合作精神的公司,又有什么发展前途呢?"听闻此话,6名大学生顿时哑口无言。(摘自百度网站)

 资料3　　　　　　　　　　　　**为自己的过失行为负责任**

1920年的一天,美国一位12岁的小男孩正与他的小伙伴玩足球,一不小心,小男孩将足球踢到了邻近一户人家的窗户上,一块玻璃被击碎了。

一位老人立即从屋里跑出来,勃然大怒,大声责问是谁干的,伙伴们纷纷逃跑了,小男孩却走到老人的跟前,低着头向老人认错,并请求老人宽恕。然而老人却十分固执,小男孩委屈得哭了,最后老人同意小男孩回家拿钱赔偿。

回到家,闯了祸的小男孩怯生生地将事情的经过告诉了父亲。父亲并没有因为其年龄还小而开恩,却板着脸沉思着一言不发。坐在一旁的母亲总是为儿子说情,开导父亲。过了不知多久,父亲才冷冰冰地说道:"家里虽然有钱,但是他闯的祸,就应该由他自己对过失行为负责。"停了一下,父亲还是掏出了钱,严肃地对小男孩说:"这15美元我暂时借给你赔人家,不过,你必须想法还给我。"小男孩接过父亲手中的钱,飞快跑过去赔给了老人。

从此,小男孩一边刻苦读书,一边利用空闲时间打工挣钱还父亲。由于人小,不能干重活,他就到餐馆帮别人洗盘子刷碗,有时还捡捡破烂。经过几个月的努力,他终于挣到了15美元,并自豪地交给了他的父亲,父亲欣然拍着他的肩膀说:"一个能为自己的过失行为负责的人,将来一定会有出息的。"

许多年过去了,这位小男孩成为美利坚合众国的总统,他就是里根,后来,里根在回忆往事时,深有感触地说:"那一次闯祸之后,我懂得了做人的责任。"(摘自《常青藤家训》)

活动体验

活动体验1　爱与责任

赵雅卫

一、活动来源

在学校德育工作和幼儿园管理的过程中,我们发现总有这样一些学生或员工不愿受学校(幼儿园)规定和纪律的约束,喜欢我行我素,追求所谓的自由。面对这样的学生(员工),说教式教育或管理模式是苍白的,甚至激起逆反的心理,故意做违规违纪的事情。这让我们德育工作者和管理者不得不思考、研究德育工作和管理的方法。转变工作方法,探索有效的德育工作途径和管理模式,让学生(员工)在亲身体验和活动分享中去转变观念,激发其责任意识,既是我们设计这个活动的初衷,也是我们改进德育工作方法的探索。

二、主题

爱与责任

三、方案设计

(一)活动目标

1. 通过活动使学生(学员)深切体会到个人与集体或团队的关系。

2. 培养学生(学员)的责任意识和担当精神。

(二)活动准备

1. 准备一块小黑板,将记录表事先画在黑板上。

2. 准备抒情的背景音乐。

(三)活动过程

1. 破冰活动

"手牵手"(见活动卡片1)。

2. 活动公约

(1)参与者在体验中必须为团队负责。

(2)团队所有成员必须对本组的活动行为如实承担责任。

(3)体验中如有身体不适可举手退出。

3. 体验活动

活动"爱与责任"(见活动卡片2)。

活动过程中,组织者视活动进程,辅以配乐朗诵《爱与责任》(见活动卡片3)。

4. 活动分享

两组成员自由发言(组织者可视时间长短)。

5. 总结提升

我们总是生活在集体里,集体是由一个个人组成的。爱我们的集体,就是爱我们自己! 承担起我们的责任,让我们的集体成为爱的源泉,成为我们温暖的家!

四、积极体验之思

(一)导引者的话

学生(学员)在活动过程中从一开始没有意识到自己违规动作给队长带来的处罚,到意识到自己不经意的行为给集体的影响,特别是对队长的处罚,自己与他人与集体的关系逐渐清晰、明朗:无关紧要——建立联系——密切联系——密不可分的心理发展历程,这种心理感受是深刻的,甚至是刻骨铭心的。活动结束时导引者和参与者无不泪流满面,大家紧紧拥抱在一起,一起感受活动的过程和活动的体验,一起感受心与心的交流,思考着那份自己应该承担的沉甸甸的责任。

(二)体验者的话

学生(学员)A:从未参加过这种体验活动,它给我一种震撼,但更多的是思考,今天我才真正去思考我在这个集体中扮演什么角色,应该承担什么样的责任。

学生(学员)B:没有想到,我下意识的习惯性的一个动作让队长又多做了 10 个俯卧撑,看着队长艰难地、痛苦地、汗流满面地做完这 10 个俯卧撑,我哭了,这是伤心、内疚和强烈自责的泪水。我意识到,我不是独立存在的,我与他人、与我们这个集体息息相关,我要自觉约束自己的行为,为他人、更为自己负责任。

学生(学员)C:作为队长,我在大家的面前宣誓,愿意承担作为队长应承担的责任。但是,当我一次又一次地承担因队友们的过失而受到的处罚时,我心里有过退出活动的念头。这时是队友们鼓励了我,是队友们勇于改正错误的行为支持了我,尽管我觉得每再做一个俯卧撑都有要趴下去起不来的感觉,但我仍然顽强地坚持下去,因为我是队长,我要为我们这个团队负责。

五、实践与探索

此活动可延伸到对班级、学校、幼儿园、家庭、社会和国家的责任。

六、活动卡片

活动卡片 1:

破冰活动"手牵手"

1. 以 1、2、1、2 的报数形式将学生(学员)分成两组,各选出一名组长,排成两排。

2. 组长叫出植物或动物的名称,如:A 队组长叫到植物时,B 队的全部成员要将双手上举,叫到动物时则放下。

3. 两队组长轮流叫名,动作错误的人出局,经过几次后剩下人数较多的那组获胜。输的一组被罚表演节目(抽签决定:走猫步、表演唱"读书郎"、表演唱"两只老虎"等)。

活动卡片 2:

活动"爱与责任"

1. 准备:

小黑板两块,粉笔,黑板擦,秒表,设计比赛记录表(见附录)

2. 具体过程:

(1)两组各选出一名组长,一名监督员,一名记录员。(两组互相交换监督记录)

组织者问组长:

你愿意成为你们组的组长吗?

你愿意为这个组承担一切责任吗?

你愿意为他们付出最大代价吗?(两组均回答)

组织者问监督员:

你愿意承担这一监督职能吗?

你能认真、负责地履行这一职务吗?

你能毫不留情地指出对方的错误吗?(两组均回答)

(2)两组分别报数,比赛过程中,哪一组犯规次数多,哪组组长承担责任。第一轮20个俯卧撑,若在组长做俯卧撑时,组员有讲话、窃笑、扭身、手乱动等与活动无关的动作均增加本组组长10个俯卧撑。若两组均报数正确则以时间长短作为衡量输赢标准。输者由组长承担责任。

(3)当主持人宣布比赛开始后,在双方报数期间,由监督员喊犯规,记录员在黑板记录两组犯规情况。犯规项目有:手机响、讲话、错报漏报数、转身等一切与报数无关的行为。

(4)第一轮:20个俯卧撑,组长承担责任后,第二轮开始,40个俯卧撑为基数。组织者看时间和本班学生反应定活动轮次。第三轮:60个俯卧撑;第四轮:80个俯卧撑。

(5)宣布开始

话外音:配乐朗诵《爱与责任》

附:比赛记录表

组名:　　　　　　　组长:　　　　　　　监督员:　　　　　　　记录员:

报数时间	犯规情况(人次,以"正"字记录)
	统计:

活动卡片3:
配乐诗朗诵《爱与责任》(缓慢抒情的音乐)

有两个词语最亲切

有两声呼唤最动听

有两个人最要感谢

有两种人最应感恩

她就是——"母亲"

他就是——"父亲"

妈妈的手粗了

她把温柔的抚触给了我

爸爸的腰弯了

他把挺直的脊梁给了我

妈妈的双眼花了

她把明亮的双眸给了我

爸爸的皱纹深了

他把美丽的青春给了我

我承载着父母的恩泽

来到一个新的集体
我们的老师,我们的同学
给我们成长的滋养
给我们成长的空间
我们的集体,是我们的家
我们的组长,是我们的家长
我们的家长——正承担着我们不经意的错误
组长的汗珠
就如甘露滴滴洒在我们的心间
我懂得了
责任,是需要承担的
集体,是不分你我的
我们,是一个整体
就如,一个人的手脚不能缺一
一个人的荣辱
就是一个集体的荣辱
一个集体的责任
就是每一个成员的责任

有多少爱可以折射
有多少情不能忘怀
让我们一起说声——"谢谢"
谢谢我们的父母
因为他们给了我们宝贵的生命
谢谢我们的老师
因为他们给了我们开启智慧的钥匙
谢谢我们的朋友
因为他们给了我们克服困难的力量
谢谢我周围的一切
因为他们给了我们
一个健康成长的和谐空间

常怀感恩之心的人是最幸福的
常怀感激之情的生活是最甜美的
队员们,让我们学会感恩
学会感激
学会承担
学会责任
用感恩之心去生活吧

七、主要参考文献和网络资料

[1]《心理健康辅导团体训练》全国少工委办,中国心理卫生协会,中国青少年发展服务中心

活动体验 2 　学 会 合 作

龙凌云

一、活动来源

当今社会,人与人之间的关系应既是一种竞争关系,也是一种合作关系。现在的青少年大多数是独生子女,成长经历中难免造成他们的"自我中心"行为,在团体活动中只顾自己的喜好,而缺少与他人的合作。学习情感的激发、工作热情的高涨,往往是在一种互相鼓励,互相竞争的氛围中实现的。教学活动中要激发学生(学员)的学习潜能、工作激情,必须在一种积极互动的氛围中才能实现。学会合作、敢于竞争是现代人一种基本的素质。因此,让学生(学员)学会合作是实践活动主要宗旨之一。

二、主题

学会合作

三、方案设计

(一)活动目标

1. 通过活动引导学生(学员)认识到合作的重要性。

2. 帮助学生(学员)尝试人际合作。

3. 培养学生(学员)掌握合作的技巧。

(二)活动准备

音乐(节奏适中、轻快的音乐)、气球、纸、笔、线、课件。

(三)活动过程

1. 破冰活动

"橡皮糖"(见活动卡片 1)。

2. 活动公约

(1)保持安静、尊重别人、仔细倾听,融入其中。

(2)活动结束后要对活动场地进行保洁及将凳子抬回原处。

3. 体验活动

活动 1:情景剧表演"五指兄弟"(见活动卡片 2)

讨论:这个故事给我们什么启示?

活动 2:合作游戏"吹气球"(见活动卡片 3)

4. 活动分享

(1)请优胜组和失败组谈谈你们的体会。

(2)你们采取了哪些方法使得游戏能够顺利进行并完成?

(3)通过这个活动你们有什么感悟?

(4)在我们的日常生活和工作学习中,需要合作吗?请举例说明。

5. 总结提升

希望我们同学(学员)能够在日常的生活和学习中团结协作、真诚沟通、彼此信任,让我们几十个人拧成一根绳,向着我们的目标前进吧!

四、积极体验之思

(一) 导引者的话

合作,一种联合行动的方式。是个人与个人、群体与群体之间为达到共同目的,彼此相互配合的一种联合行动。通过活动和同学(学员)的总结,我们认识到在社会变革日新月异的今天,合作无处不在,它成了推动社会发展不可或缺的巨大动力。合作源于信任,我们只有真诚沟通,彼此信任,遇事才能有效合作。合作就是力量,如果仅让你用一支筷子吃饭,它几乎连块肉都夹不起来,而用一双筷子,结果就会截然相反。可见,只有合作才能发挥个体不具有的力量,才能拥有大于个体的力量。只有合作才具有无穷的力量。合作是一种精神,它源于信任,且无处不在,更重要的是这种精神是难以估量的。这个时代呼唤许多精神,而合作精神将永远是推动时代前进的不竭动力。

(二) 体验者的话

一个人再优秀也不能离开集体的帮助,团结合作的力量是无穷的! 今天我感受到了团结合作的力量!

五、实践与探索

以小组为单位总结出合作的技巧并设计成精美合作小贴士,张贴在班上。

六、活动卡片

活动卡片1:

破冰活动"橡皮糖"

全班同学(学员)围坐成一圈(凳子比人少一张),请一个同学(学员)发号施令:

同学(学员)说"橡皮糖",全体成员一起说"黏谁呢",同学(学员)说"黏所有……的人。"例如:黏所有长头发的女生。口令发出后,有此特征的同学就要立刻站起来和相同特征的同学(学员)互换位置,同时发号施令的那个同学(学员)也立刻去找个空位坐下,没找到座位的人即输。输的人表演节目。

活动卡片2:

情景剧表演"五指兄弟"

旁白:夜幕降临了,一切都是那么安静。突然,五指兄弟争吵了起来,它们在吵什么呢? 那就让我们来听听吧!

大拇指:"在五个手指当中,我不仅名列前茅,而且我还是你们的主帅呢! 我比你们结实,比你们强壮,比你们有才华,比你们能干! 主人握笔写字、削铅笔、扫地、拖地板等都需要我,所以我的作用比你们大!"食指:"拜托,这位先生,请不要把自己摆在第一,你长得那么丑,还只有两节! 你哪有我强啊! 主人写字的时候,没有了我也不行啊! 我每天都在出力,把自己所有的力量都贡献出来,何况指引方向、拨打电话都得我来完成,我受伤的机率也最高,哪一点不如你啊!"中指:"我的作用一点也不比你们差,我长得那么帅气,多么有成熟感!"无名指:"去去去,你长得哪里好啦? 人们都用你来骂人,所以你最坏!"它们四个吵得不可开交。在旁边的小指也忍不住加入了"战局",它扯了扯无名指,说:"我也要说两句。我是你们当中最娇小、最可爱、最美丽的,所以你们要把'作用王冠'让给我!"一个皮球拍了拍它的大肚子,慢悠悠地开了口:"大家都别吵了,你们谁能把我举起来,谁的作用就最大。"它们跃跃欲试,但最后都失败了。皮球又说:"你们再试试一起把我举起来吧!"果然,它们不费吹灰之力就把皮球举了起来,大家高兴地抱在一起跳起来。

活动卡片3:

合作游戏"吹气球"

1. 将学生(学员)分成8组,每组6人,请4个学生(学员)做裁判监督活动过程。

2. 道具:每组各6张签,上写嘴巴(1张)、手(2张)、屁股(1张)、脚(2张),每组一个气球。

3. 每组抽签,抽到嘴巴的必须借助抽到手的2人帮助来把气球给吹起来,抽到嘴巴的人不能用手自己吹起气球。然后2个抽到脚的人抬起抽到屁股的人去把气球坐破。

七、主要参考文献和网络资料

[1] 明宏.心理健康辅导团体训练[M].北京:世界图书出版公司北京公司,2007.

[2] 陈龙海,韩庭卫.团队建设游戏[M].上海:上海科学技术出版社,2007.

活动体验3　　感恩从心开始,让爱温暖彼此

于　彦

一、活动来源

现在的学生(学员)大都生活在优越的环境中,不太懂得感恩,习惯索取而很少付出,希望通过这次心理健康活动课使同学(学员)们懂得感恩和回报。

二、主题

感恩从心开始,让爱温暖彼此

三、方案设计

(一)活动目标

1. 通过活动使学生(学员)懂得"感恩"是一种生活态度,是一种美德,是做人的起码修养和道德准则。

2. 培养学生(学员)的感恩意识,懂得"感恩"更是一种责任。

3. 学会感谢、珍惜和感恩。

(二)活动准备

1. 寻找地震中的例子。

2. 联系家长。

(三)活动过程

1. 破冰活动

"最舍不得的人"(见活动卡片1)。

2. 活动公约

积极参与、真心流露、反思体会。

3. 体验活动

活动1:孝亲故事"小羊藏刀救母,屠夫落泪转行"(见活动卡片2)

活动2:活动2:故事"地震中的父母之爱"(见活动卡片3)

4. 活动分享

(1) 请同学(学员)来谈谈在自己记忆中父母为自己做过印象最深刻的一件事。

（2）请同学（学员）来谈谈在自己记忆中自己都为父母做过哪些事。

（3）请家长谈谈自己的孩子给自己留下印象深刻的一件事。

5. 总结提升

天下之爱，莫过于父母给予儿女的爱，父母给予我们最无私的爱，那我们该如何回报父母呢？"慈鸦尚还哺，羔羊犹跪足，人不孝其亲，不如禽与兽"。好好地爱你的父母、家人吧！懂得感恩，心中有爱的人，才会感受到爱和幸福。

四、积极体验之思

（一）导引者的话

心理健康活动课是当前大、中、小学心理健康教育的一种有效途径和载体。那么心理活动课究竟应该怎么上？怎样才是一堂好的心理健康活动课？

我们首先要明确，心理活动课不是心理学专业课程，更不是以教授心理学概念和理论知识为目的的，但并不是说心理活动课中就丝毫没有相关的心理学知识。事实上，每一节心理活动课都是以相关心理学理论基础为背景知识，只是这些知识并非是以学科的直接结论和理论形态呈现在学生（学员）面前，而是经过处理后以比较通俗化、生活化的阐释形态出现的，并渗透在教学设计和教学过程的始终。

在活动设计中，要注意结合学生（学员）实际情况、年龄特点、心理发展需求，从他们最需要解决的问题入手进行活动设计。在活动过程中注意观察学生（学员）的心理变化，适时强化和引导积极健康心理的发展。

（二）体验者的话

本次活动课让我反省了自己过去对待父母的一些错误做法，今后我一定好好孝顺父母。

会感恩的人才可能更好地回报家庭和社会。

五、实践与探索

学生（学员）搜集整理父母之爱的典型故事。

学生（学员）课后撰写活动心得《我要为亲人做的事》。感恩是一个非常广泛的话题，我们要学会感恩，要有感恩之心，感恩父母、感恩亲人，也要感恩自然、感恩社会，有感恩之心才会多一份理解、多一份爱心、多一份奉献。

学会感恩，感恩父母、社会、自然。作为新入职或转岗幼儿教师还应感恩这份工作，它给予我们生存发展的物质条件；感恩孩子，他给予我们快乐和幸福，我与孩子共成长；感恩家长，感恩同事、领导等等。

六、活动卡片

活动卡片1：

破冰活动"最不舍得的人"

1. 活动准备：

活动用 A4 纸若干张，按学生（学员）人数准备，对折一分为二，用于学生（学员）活动。

2. 活动设计：

让学生（学员）拿出一张纸，在上面写下自己最爱的五个人的名字，同学（学员）们兴高采烈地写下，这时再让他们在上面划去一个人的名字，表示这个人永远地离开了他，他们思考了一会，很沉重地划去了一个人的名字，接着又让同学（学员）们必须再同时划去两个人的名字。强调游戏规则，观察学生（学员）思想、情绪和情感表现，适时对学生（学员）进行正面引导。活动开展过程中，会发现很多同学（学员）都下不去笔……他们根本不愿意让他们最爱的人在他们手中"离开"。现在的孩子都生活在蜜一样甜的生活中，他们太幸福了，他们很少或根本就没有经历过生离死别的痛，也不会去思考最爱他们的人,有一天突然爱他们的人离开了他们,他们怎么办? 通过这个环节的活动,教师要引导同学(学员)们,珍惜身边每一个爱着他的人,同时也要坚强地去面对人生中的任何突如其来的变故,要学会感恩,感谢父母,感谢身边爱我们的人,也要去爱我们身边的每一个人。

活动卡片 2:

孝亲故事"小羊藏刀救母,屠夫落泪转行"

2009 年,大连马栏村,一家羊汤馆。赵老板买来母子二羊,准备先杀母羊。伙计置刀于长凳,进屋拿盆以接羊血,出来后却寻刀不见。

此时,母羊低头流泪舔舐小羊,小羊伏地泪眼汪汪,有如诀别。赵老板让伙计拉走小羊,小羊被拽起的一刹那,在小羊身下发现了那把刀。

赵老板心中一阵酸楚,留这母子一条生路。几天过去,羊母子流泪惜别的情景总不时出现在赵老板眼前,让他寝食难安。鸦反哺,羊跪乳,我呢? 数日后,他决定关闭羊汤馆,永绝此业。"慈鸦尚还哺,羔羊犹跪足,人不孝其亲,不如禽与兽"。

活动卡片 3:

故事"地震中的父母之爱"

5 月 13 日下午,都江堰河边一处坍塌的民宅,数十名救援人员在奋力挖掘,寻找存活的伤者。突然,一个令人震惊的场景出现在了人们眼前:一名年轻的妈妈双手怀抱着一个 3、4 个月大的婴儿蜷缩在废墟中,她低着头,上衣向上掀起,已经失去了呼吸,怀里的女婴依然惬意地含着母亲的乳头,吮吸着,红扑扑的小脸与母亲沾满灰尘的双乳形成了鲜明的对比。抢救人员发现她的时候,她已经死了,是被垮塌下来的房子压死的,透过那一堆废墟的间隙可以看到她死亡的姿势,双膝跪着,整个上身向前匍匐着,双手扶着地支撑着身体,有些像古人行跪拜礼,只是身体被压的变形了,看上去有些诡异。经过一番努力,人们小心地把挡着她的废墟清理开,在她的身体下面躺着她的孩子,包在一个红色带黄花的小被子里,因为母亲身体庇护着,她毫发未伤,抱出来的时候,她还安静地睡着,她熟睡的脸让所有在场的人感到很温暖。随行的医生过来解开被子准备做些检查,发现有一部手机塞在被子里,医生下意识地看了下手机屏幕,发现屏幕上是一条已经写好的短信"亲爱的宝贝,如果你能活着,一定要记住我爱你。"

还有一位父亲,当他发现自己女儿的尸体时,他徒步从重灾区将自己女儿的尸体背出。灾难中,很多父母失去了孩子,很多孩子也失去了最爱他们的父母。通过活动我们发现,同学们都很爱自己的父母,我们是幸运的,幸运的是我们没有遇到灾难,我们还可以跟爱我们的亲人一起共享天伦,但是我们应该用什么去回报爱我们的亲人,这是我们应该去思考的问题。珍惜我们所拥有的幸福,趁我们还有机会的时候,好好地报答父母对我们的恩情。

七、主要参考文献和网络资料

[1] 刘宣文. 心理辅导活动课的设计与评价[J]. 教育研究,2002,(05).

[2] 钟志农. 班级团体辅导活动的形成性评价[J]. 思想理论教育,2007,(02).

[3] 陈海德. 心理辅导课的"三阶五步"辅导过程设计[J]. 中小学心理健康教育,2009,(20).

活动体验4　人际沟通与合作

丁彬彬

一、活动来源

由于学生(学员)学习环境或工作环境的变化,其人际交往也发生了巨大变化;他们对新的环境、对新的同学(学员)产生了人际交往困惑,这对他们的后续交往及学习生活和工作带来不良影响。学生(学员)渴望交往,但缺乏交往的技巧,或缺乏和同学(学员)沟通的积极意愿,造成了自己没有朋友或不被人理解的结果。针对这种情况,本节课确定了以人际交往为活动内容,在活动中让学生(学员)体验人际沟通与合作,激发同学(学员)之间互助互爱的情感,以增进了解,促进学生(学员)合作意识的形成。

二、主题

人际沟通与合作

三、方案设计

(一)活动目标

1. 通过活动,使学生(学员)在有压力的情景下认识到人际沟通与合作的重要性。

2. 帮助学生(学员)尝试进行沟通,并建立规则。

3. 培养学生(学员)初步掌握使用非语言进行良好沟通的能力。

(二)活动准备

音乐(轻缓风格)、活动卡片、教学课件。

(三)活动过程

1. 破冰活动

"闻鸡起舞"(见活动卡片1)。

2. 活动公约

(1)用心体会,坦诚相见。

(2)珍重他人,真诚参与。

3. 体验活动

活动1:"乘坐海神号"(见活动卡片2)

4. 活动分享

(1)在整个活动中,你有什么样的感受?

(2)在发现海神的规则并不明确的时候,你的做法是什么?

(3)你们小组是如何讨论并达成一致的看法的? 你是怎么做的呢?

(4)是什么原因让你们能够在规定时间内完成排序?

(5)是什么原因让你们不能够在规定时间内完成排序?

如果在学校(幼儿园)生活、工作中出现同学(同事)之间意见不明确的时候,你会如何跟别人沟通?

5. 总结提升

通过此活动,同学(学员)们认识了沟通合作的重要性。在全班范围内彼此加深了了解,体验了沟通的重要性,激发了同学(学员)间友爱之情,提高了交往的主动性,增强了合作意识。

四、积极体验之思

(一) 导引者的话

同学(学员)们在活动中都感受到了沟通的重要性,只有在理解沟通的基础上,才能达成共识,最终取得成功。沟通可以帮助我们建立起共同行动的规则,从而有利于人际合作的进行。人际沟通的实质是人与人之间的意识和情感的交流。人际沟通中的双向性原则指信息沟通的双方在沟通过程中应该保持信息的互动,形成对信息的互相传递和互相理解,这样才能达到良好沟通的目的。在人际沟通中,虽然非言语行为通常只是言语行为的辅助和强化手段,但它有时可以微妙地传递语言难以表达的"弦外之音"。人际合作是以人与人之间顺畅的交流和沟通为基础的。沟通可以帮助人们建立起共同行动和工作的规则,从而有利于人际合作的进行。规则的建立大多数情况下是需要人们不断地磨合和协商。

(二) 体验者的话

学生(学员)A:我们在乘坐海神号远洋游轮时海神对我们提出了要求,为了不被海浪冲走,我们大家很自然地积极配合、共同协调完成海神提出的各种要求,体验了用目光和体势技巧的非语言技巧进行沟通的方法。

学生(学员)B:在顺利完成海神提出的各项要求中,我们体验了通过同学(学员)间的合作,在和谐、友好的气氛中开放自我,了解沟通的重要性,并能够在团体范围内通过沟通建立大家认可的规范,合作团结、达成一致、完成任务。

学生(学员)C:我们在合作中学会了同他人建立良好的人际关系,学会了各种沟通技巧。

五、实践与探索

小组将如何与别人沟通的内容用图形加文字表达出来,每个小组把讨论内容写在白纸上,共同展示。探索出人际沟通与合作的方法。

六、活动卡片

活动卡片1:

破冰活动"闻鸡起舞"

所有的学生(学员)将椅子摆到一旁,随意地站到空出来场地的中间,教师在一旁放歌曲《找朋友》,学生(学员)们跟着轻缓的音乐拍手跳起来,并做动作。当音乐暂停的时候,教师会立刻给学生(学员)一个指令,如:"两人握手""大笑""原地起跳"等。学生(学员)需要在第一时间做出相应的动作。

活动卡片2:

活动"乘坐海神号"

活动假设:我们今天一起乘坐着豪华的海神号远洋游轮。此时我们正航行在北大西洋"平静"的海面上。当我们在茫茫的大洋之上尽情地欢歌笑语时,深不可测的洋底却发生了剧烈的地壳运动,从而引发了一场空前的海啸,先前略显平静的海面上突然掀起一道汹涌的巨浪。高耸的巨浪如野兽般在海上咆哮,并迅速从侧面扑向毫无准备的海神号,我们争先恐后地想要逃命,这个时候海神出现了,他告诉我们大家只要我们能够做到两件事情,向他证明我们是团结的,他就会帮我们平息巨浪。

规则:海神对我们提的第一个要求是:每个小组必须在4分钟之内,在不说话的情况下,可以采用各种沟通方式,按照出生日期进行排序,如果有人发出了声音,你们整个小组就会被海浪吞没。

海神对我们提的第二个要求是:每个小组必须在6分钟之内,在不说话的情况下,可以采用各种沟通方式,按照任何一种方式进行排序。如果有人发出了声音,你们整个小组就会被海浪吞没。海神有决定最终让谁生存的权力。

七、主要参考文献和网络资料

[1] 孟万金. 积极心理健康教育[M]. 北京:中国轻工业出版社,2008.

[2] 崔丽娟,张高产. 积极心理学研究综述——心理学研究的一个新思潮[J]. 心理科学,2005,(2).

[3] 明宏. 心理健康辅导团体训练[M]. 北京:世界图书出版公司北京公司,2007.

后　记

　　本书经过我们团队教师的共同努力，终于完成了。虽然老师们在以职业生涯规划为主线的心理健康教育活动课实践研究过程中，经历了模仿学习——总结提升——探索研究学习——实践——再学习——再实践的过程，但每一次的学习、实践的教学方法都是螺旋式的上升，思想认识特别是活动主题的选择和确定上却是经历了从感性认识到理性认识的质的飞跃。这些活动方案可能还不完全成熟，有的还显稚嫩，但每一个方案都是老师们学习、认识、实践、总结、提高，并内化的过程，是教师心血的凝结，是教育理念的外化表现。

　　全书共分为七篇，每篇由两大部分组成，第一部分是理论支持篇，第二部分是活动体验篇。第一、三、六篇的理论支持部分由龙凌云负责撰写；第二、四、五篇的理论支持部分由杨丽负责撰写；第七篇的理论支持部分由赵雅卫负责撰写。每一篇活动体验都经历了学习、实践、总结、提升再实践的过程，具有较强的可操作性和实效性。

　　愿我们的实践探索对职业教育发展能起到促进作用，对职业院校学生工作管理者有点借鉴作用，对职业院校教师育人有点启发，对幼儿教师培训机构（中心）的培训内容起到辅助作用。

编者

2015 年 6 月

图书在版编目(CIP)数据

幼儿教师心理健康教育活动设计/赵雅卫主编. —上海:复旦大学出版社,
2015.8(2022.1 重印)
普通高等学校学前教育专业系列教材
ISBN 978-7-309-11682-3

Ⅰ. 幼… Ⅱ. 赵… Ⅲ. 幼教人员-心理健康-健康教育-幼儿师范学校-教材 Ⅳ. G443

中国版本图书馆 CIP 数据核字(2015)第 175417 号

幼儿教师心理健康教育活动设计
赵雅卫 主编
责任编辑/黄 乐 赵连光

复旦大学出版社有限公司出版发行
上海市国权路 579 号 邮编:200433
网址: fupnet@ fudanpress. com http://www. fudanpress. com
门市零售: 86-21-65102580 团体订购: 86-21-65104505
出版部电话: 86-21-65642845
上海新艺印刷有限公司

开本 890×1240 1/16 印张 7.25 字数 199 千
2022 年 1 月第 1 版第 6 次印刷
印数 11 701—13 300

ISBN 978-7-309-11682-3/G · 1496
定价: 30.00 元